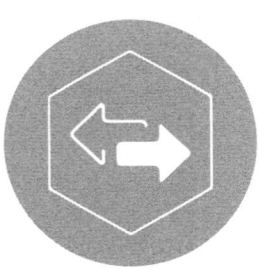

ENTENDENDO A IGREJA

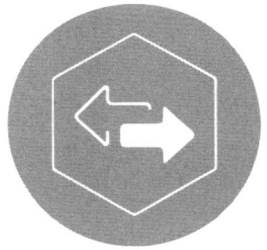

Entendendo a disciplina na igreja

JONATHAN LEEMAN

L485e Leeman, Jonathan, 1973-
       Entendendo a disciplina na igreja / Jonathan Leeman ;
       [tradução: Camila Teixeira e William Teixeira]. – São
       Paulo: Fiel, 2019.

       Tradução de: Understanding church discipline.
       ISBN 9788581326726 (brochura)
            9788581326740 (epub)
            9788581326757 (audiolivro)

       1. Disciplina eclesiástica. 2. Membros da Igreja. I. Título.

                                                    CDD: 262.8

Catalogação na publicação: Mariana C. de Melo Pedrosa – CRB07/6477

Entendendo a disciplina na igreja – Entendendo a igreja
Traduzido do original em inglês
Understanding Church Discipline – Church Basics
por Jonathan Leeman
Copyright © 2016 por Jonathan Leeman e 9Marks

∎

Originalmente publicado em inglês por B&H Publishing Group, com todos os direitos internacionais pertencentes a 9Marks.
525 A Street NE, Washington DC 20002.

Esta edição publicada por acordo com 9Marks. Todos os direitos reservados.

Os textos das referências bíblicas foram extraídos da versão Almeida Revista e Atualizada, 2ª ed. (Sociedade Bíblica do Brasil), salvo indicação específica.

Copyright © 2018 Editora Fiel
Primeira edição em português: 2019
Todos os direitos em língua portuguesa reservados por Editora Fiel da Missão Evangélica Literária
PROIBIDA A REPRODUÇÃO DESTE LIVRO POR QUAISQUER MEIOS SEM A PERMISSÃO ESCRITA DOS EDITORES, SALVO EM BREVES CITAÇÕES, COM INDICAÇÃO DA FONTE.

∎

Diretor: James Richard Denham III
Editor-chefe: Tiago J. Santos Filho
Editor: Vinicius Musselman Pimentel
Coordenação Editorial: Gisele Lemes
Tradução: Camila Teixeira e William Teixeira
Revisão: R&R Edições e Revisões
Diagramação: Rubner Durais
Capa: Rubner Durais
E-book: Rubner Durais
ISBN impresso: 978-85-8132-672-6
ISBN e-book: 978-85-8132-674-0
ISBN audiolivro: 978-85-8132-675-7

Caixa Postal 1601
CEP: 12230-971
São José dos Campos, SP
PABX: (12) 3919-9999
www.editorafiel.com.br

SUMÁRIO

Prefácio da série *Entendendo a Igreja* 7

Apresentação à edição em português 11

1. Você tem um trabalho a fazer............................15

2. Preparando-se para o trabalho 29

3. Seu local de trabalho....................................49

4. Uma descrição do seu trabalho — parte 1..................63

5. Uma descrição do seu trabalho — parte 2..................77

6. Trabalhando com outras pessoas.........................95

7. Abusos do trabalho....................................109

Conclusão: A coragem evangélica e o temor dos homens 121

PREFÁCIO DA SÉRIE ENTENDENDO A IGREJA

A vida cristã é vivida no contexto da igreja. Essa convicção bíblica fundamental caracteriza todos os livros da série *Entendendo a igreja*.

Essa convicção, por sua vez, afeta a forma como cada autor trata o seu tópico. Por exemplo, *Entendendo a ceia do Senhor* afirma que a Santa Ceia não é um ato privado e místico entre você e Jesus. É uma refeição familiar em torno da mesa na qual você tem comunhão com Cristo e com o povo de Cristo. *Entendendo a Grande Comissão* afirma que a Grande Comissão não é uma licença para que alguém, de forma totalmente autônoma, se dirija às nações com o testemunho de Jesus. Trata-se de uma responsabilidade dada a toda a igreja para ser cumprida por toda a igreja. *Entendendo a autoridade da congregação* observa que a autoridade da igreja não repousa apenas sobre os líderes, mas sobre toda a congregação. Cada membro tem um trabalho a fazer, incluindo você.

Cada livro foi escrito *para* o membro comum da igreja, e esse é um ponto crucial. Se a vida cristã é vivida no contexto da igreja, então você, crente batizado e membro de igreja, tem a responsabilidade de entender esses tópicos fundamentais. Assim como Jesus o responsabiliza pela promoção e proteção da mensagem do evangelho, ele também o responsabiliza pela promoção e proteção do povo do evangelho, a igreja. Estes livros explicarão como.

Você é semelhante a um acionista na corporação do ministério do evangelho de Cristo. E o que os bons acionistas fazem? Estudam a sua empresa, o mercado e a concorrência. Eles querem tirar o máximo proveito de seu investimento. Você, cristão, investiu sua vida inteira no evangelho. O propósito desta série, então, é ajudá-lo a maximizar a saúde e a rentabilidade do Reino de sua congregação local para os fins gloriosos do evangelho de Deus.

Você está pronto para começar a trabalhar?

Jonathan Leeman
Editor de Série

LIVROS DA SÉRIE "PRINCÍPIOS DA IGREJA"

Entendendo a Grande Comissão,
Mark Dever

Entendendo o batismo,
Bobby Jamieson

Entendendo a ceia do Senhor,
Bobby Jamieson

Entendendo a autoridade da congregação,
Jonathan Leeman

Entendendo a disciplina na igreja,
Jonathan Leeman

Entendendo a liderança da igreja,
Mark Dever

APRESENTAÇÃO À EDIÇÃO EM PORTUGUÊS

Se o conhecimento da "Igreja Invisível" pertence a Deus, aprouve a ele tornar conhecida no mundo a "Igreja Visível". E a disciplina eclesiástica é crucial para que aconteça essa visibilidade neotestamentária – igreja local e objetiva.

A disciplina eclesiástica define quem é e quem não é igreja. Interrompida a prática da disciplina, o que é igreja se torna confuso; e até termina se tornando algo que não qualifica como igreja neotestamentária. Assim como a igreja precisa triar quem a adentra, ela necessita cuidar da conduta dos que nela permanecem.

A disciplina de igreja foi comum na era apostólica e patrística, declinou na Idade Média, mas ressurgiu com Lutero, Calvino e os anabatistas, enquanto a Igreja Católica optou pelo recurso das penitencias. Depois a disciplina declinou novamente na Era Moderna, com o "individualismo" promovido pelo Iluminismo, vindo a cair quase no desuso no presente. A mentalidade pós-moderna, apreciando o subjetivismo, o relativismo e o individualismo, têm enfraquecido a disciplina na igreja desautorizou ainda mais a disciplina.

É preciso reagir afirmando a objetividade do que é igreja, o absolutismo da doutrina e da ética que devem moldar cada membro e a responsabilidade do indivíduo diante da coletividade do corpo de Cristo. Porém, atualmente é comum se criticar até a existência do "rol de membros". E surgiram tanto os "desigrejados" como o "poligrejados". Isso é contrário a definição de igreja local do Novo Testamento. Jesus ordena que o impenitente deve ser declarado "pagão e publicano" (Mt 18.17) e ele distingue quem é de quem não é parte da igreja. Formal ou informal, o rol de membros sempre existiu. Assim, a igreja é objetivamente distinta; e nisso a disciplina é indispensável.

Igreja não é um "programa de auditório religioso" e nem meros frequentadores de culto. Esses parâmetros e outros são equívocos comuns. E o pragmatismo em voga na "plantação" e "crescimento" de igreja agravam o quadro. Restaurar a eclesiologia neotestamentária exige, entre outros passos, o retorno da disciplina eclesiástica. Diante desta necessidade, surgem nos EUA algumas reações positivas como a publicação deste livro. É animadora a publicação dele também no Brasil. O momento da Igreja o torna muito necessário.

Fazer a coisa certa, mas do modo, com a medida e no momento certos é um desafio. E disciplina eclesiástica é desafio intensificado devido a sua sensibilidade e complexidade. Muitos erros foram cometidos no passado. Processos disciplinares atropelavam a orientação bíblica. O alvo redentor do "ganhou seu irmão", ponderado por Jesus, não era primordialmente objetivado. Disciplina de igreja se tornou traumática. E mais, é comum a evasiva "isso é com o pastor" ou "isso é com os presbíteros". Ninguém quer se indispor com ninguém. É um reflexo do "homem cordial" brasileiro, desprovido de ética objetiva, descrito por Sérgio Buarque de Holanda.

Correções são necessárias. Este livro é uma contribuição eficaz para o acerto. Fiel à sabedoria bíblica, ele pauta os passos a serem observados e tomados. Porém, o destaque dele é o resgate da dimensão eclesiológica. O livro argumenta a disciplina eclesiástica como responsabilidade de cada membro da Igreja. A Igreja brasileira carece muito que seus membros conheçam o conteúdo deste livro. E ele é auxilio valioso para a necessária instrução pastoral deste assunto.

Jesse Campos,
pastor da Igreja Batista de Bragança Pta.
(Bragança Paulista/SP)

CAPÍTULO 1

VOCÊ TEM UM TRABALHO A FAZER

Se você tem filhos, provavelmente já sentiu mal-estar – *Urgh!* – quando percebe que é o momento de disciplinar um deles. Até esse momento, você fez tudo o que podia para lhe oferecer uma solução para o problema (eu só tenho filhas). Você permite que a criança explique qualquer circunstância atenuante. Você avalia se as suas instruções foram claras. Porém, agora, os fatos começam a feder: ela é culpada. Sua preciosa e amada pequena Cinderela evidentemente lhe desobedeceu de modo flagrante. Ou mentiu. Ou arranhou o rosto da irmã. E agora o amor exige que você a discipline. *Urgh!*

"Porque o SENHOR repreende a quem ama, assim como o pai, ao filho a quem quer bem" (Pv 3.12).

> "O que retém a vara aborrece a seu filho, mas o que o ama, cedo, o disciplina" (Pv 13.24).

> "Discipline seu filho, pois nisso há esperança; não queiras a morte dele" (Pv 19.18; NVI)

Versículos impressionantes, não? Não disciplinar os nossos filhos é odiá-los. É deixá-los sem esperança. É ser uma parte ativa na morte deles.

O amor disciplina.

Tragicamente, ligue a TV nos noticiários e há uma boa chance de você ouvir uma história sobre um pai terrivelmente abusivo. E essas histórias podem fazer com que nos afastemos da ideia de disciplina. Que Jesus volte e ponha fim a tais abusos! Contudo, sabemos que não podemos jogar fora o bebê com a água do banho. Como pais, disciplinar continua sendo o nosso trabalho. Fazemos isso por amor e pela vida.

> "Porque o mandamento é lâmpada, e a instrução, luz; e as repreensões da disciplina são o caminho da vida" (Pv 6.23).

VOCÊ TEM UM TRABALHO A FAZER

Assim como é um trabalho dos pais disciplinarem os seus filhos, é o seu trabalho, cristão, participar da disciplina da sua igreja. Você sabia disso? Isso é tão fundamental para quem é um cristão e um membro da igreja como é para um pai disciplinar um filho. Essa é uma parte integrante de seguir a Jesus. Ouça como Jesus afirma isso:

> "Se teu irmão pecar [contra ti], vai argui-lo entre ti e ele só. Se ele te ouvir, ganhaste a teu irmão. Se, porém, não te ouvir, toma ainda contigo uma ou duas pessoas, para que, pelo depoimento de duas ou três testemunhas, toda palavra se estabeleça. E, se ele não os atender, dize-o à igreja; e, se recusar ouvir também a igreja, considera-o como gentio e publicano" (Mt 18.15-17).

A quem Jesus está falando nessa passagem? Ele está falando com você, presumindo que você é um cristão e um membro da igreja. Jesus, aquele que possui toda a autoridade no céu e na terra, está o incumbindo deste trabalho. Esta é a descrição do seu trabalho. Não é apenas para os pastores ou presbíteros. Não é apenas para os cristãos mais velhos ou maduros. Esse é um trabalho para *você*.

 "Leais são as feridas feitas pelo que ama, porém os beijos de quem odeia são enganosos" (Pv 27.6).

Se um irmão pecar contra você, então você deve falar com ele. Isso é o que significa ser um verdadeiro amigo.

Se o seu amigo ouvir, louve a Deus. Seu trabalho está realizado. Se ele não ouvir, então é o seu trabalho envolver alguns outros. Outros olhos e ouvidos ajudam a ter certeza de que você está vendo de modo correto. Se todos concordarem, e se seu amigo permanecer preso em seu pecado, então você pode precisar levar o assunto para toda a igreja (com a ajuda dos presbíteros). E se ele não ouvir a igreja, então você deve tratá-lo como um incrédulo que já não pertence à igreja.

Falando sobre esse último passo, a quem se dirige o comando final: "considera-o como gentio e publicano"? Temos aqui um imperativo afirmativo na segunda pessoa do singular: "considera-o". Isso significa: você. Você deve considerar como um não cristão esse membro da igreja que não se arrepende. Assim é com cada um dos membros em sua igreja. Vocês se tornam pessoal e corporativamente responsáveis por esse trabalho de exclusão. Assim como é o seu trabalho confrontar, é também o seu trabalho participar na exclusão corporativa.

Algumas igrejas envolvem apenas os pastores nesses dois últimos passos. Afirma-se que os presbíteros ou pastores substituem a igreja. Então, o "dize-o à igreja" é interpretado como, "dize-o aos presbíteros". É claro que não é isso o que o texto diz. Não é assim que os primeiros leitores entenderiam a palavra *igreja* ali. E isso interrompe a trajetória numérica ascendente do texto: de um, para dois ou três, para toda a toda a assembleia. Claramente, Jesus trata a igreja reunida como a última corte de apelação em questões de disciplina.

 "Não havendo sábia direção, cai o povo, mas na multidão de conselheiros há segurança" (Pv 11.14).

Sem dúvida, essa passagem requer algumas explicações e comentários. Nós os faremos posteriormente. O ponto agora é simples, você tem um trabalho a fazer: participar da disciplina da igreja.

Isso pode ser difícil de ouvir. Talvez Mateus 18 em si provoque um *"urgh"*. Jesus não nos diz em outra passagem para não "julgarmos"? De fato, ele o faz em Mateus 7. Mas seja qual for a intenção de Jesus em Mateus 7, ele não intenciona impedir você de realizar esse trabalho designado alguns capítulos depois.

Observe que Paulo também nos convoca a resgatar do pecado nossos irmãos de igreja:

> "Irmãos, se alguém for surpreendido nalguma falta, vós, que sois espirituais, corrigi-o com espírito de brandura; e guarda-te para que não sejas também tentado. Levai as cargas uns dos outros e, assim, cumprireis a lei de Cristo" (Gl 6.1-2).

Por "espirituais", Paulo não quer dizer "maduros". Ele se refere àqueles que em suas vidas apresentam os frutos do Espírito em oposição aos frutos da carne (5.16-26). Ele está falando de todos que, presumivelmente, são cristãos frutíferos e membros da igreja. Se *alguém* for surpreendido no pecado, *vocês* que buscam andar no Espírito devem se esforçar para restaurar essa pessoa. Essa é uma forma de carregar os fardos de uma pessoa e cumprir a lei de Cristo. Isso é agir como um cristão. O oposto é óbvio: recusar-se a confrontar irmãos e irmãs em seu pecado é abandonar a lei de Cristo. É desviar-se do caminho de Cristo.

O QUE É A DISCIPLINA ECLESIÁSTICA?

O que é a disciplina eclesiástica? A resposta ampla é dizer que se trata de corrigir o pecado na igreja. Observe como o livro de Provérbios, falando sobre a ideia de disciplina de modo geral, coloca a disciplina e a repreensão em paralelo:

> "Quem ama a *disciplina* ama o conhecimento, mas o que aborrece a *repreensão* é estúpido" (Pv 12.1, itálicos acrescentados).

Disciplinar é corrigir, repreender e advertir. Tal correção pode ocorrer de modo privado e informal, como quando um amigo na igreja observou quão egoísta eu poderia ser. Esse foi um pequeno ato de disciplina. Acredito que aprendi com essa repreensão. Porém, às vezes, essa correção se torna formal e pública. Isso envolve contar à igreja e, se a pessoa ainda não se arrepender depois que a igreja for comunicada, excluir tal pessoa da membresia. Esse último passo de exclusão é, às vezes, chamado de "excomunhão".

O catolicismo romano tem usado a palavra *excomunhão* para descrever o processo de exclusão de pessoas da igreja *e* da salvação, como se a igreja pudesse negar a salvação. Entre os protestantes, a excomunhão significa simplesmente remover membros da membresia da igreja local e da mesa do Senhor (uma pessoa está ex-comungada). Isso não indica que a pessoa com certeza não é cristã. Afinal, não temos os olhos do Espírito Santo para que vejamos as almas. Em vez disso, é a maneira de uma igreja dizer: "Nós não podemos mais conceder nosso nome e credibilidade de reino corporativo para afirmar que esse indivíduo é um cristão. Em vez disso, trataremos essa pessoa como um não cristão".

Neste livro usarei ambas as palavras, *disciplina* e *excomunhão*, sendo que esta última se refere especialmente a essa etapa final.

 "Aplica o coração ao ensino e os ouvidos às palavras do conhecimento" (Pv 23.12).

As pessoas aceitam a ideia de disciplina em outras áreas da vida. Nossos treinadores nos estimulam a disciplinarmos nossos corpos para nos prepararmos para uma corrida. Nossos professores nos estimulam a disciplinarmos nossas mentes na preparação para provas. Depois, nossos professores nos disciplinam dando notas àquelas provas. E nesses outros domínios da vida, sabemos que a correção gera crescimento. Se você deseja que a sua roseira cresça, deve podá-la.

De fato, lembro-me da primeira vez que podei uma roseira em meu jardim. Não me senti bem. Aquilo me deixou nervoso. "Eu realmente deveria cortar esses ramos? Isso não prejudicará a planta?" Mas eu fui em frente e podei — pela fé. Um ano se passou, e eis que a roseira se encheu de flores.

As pessoas também aceitam a ideia de disciplina em outras instituições. Não houve protesto público quando a Agência Antidoping dos Estados Unidos retirou de Lance Armstrong os seus sete títulos da competição *Tour de France* depois de decidir que ele os havia ganhado por meio de doping ilegal. As pessoas também aceitam que os advogados que manipulam evidências devem perder seus direitos de advogar; que os médicos que prescrevem remédios ilícitos devem perder a sua licença médica, e que empreiteiros ou eletricistas ou encanadores que violam normas de construção para economizar dinheiro devem ser multados e, se possível, presos.

No entanto, quando se trata de disciplina *na igreja*, sentimos algo diferente.

NINGUÉM SE OPÕE À DISCIPLINA, MAS POUCOS A PRATICAM

Eu tenho "desfrutado" a estranha providência de escrever e falar sobre o tema peculiar da disciplina eclesiástica (entre outros temas, graças a Deus) por cerca de uma década. Curiosamente, nunca ouvi sequer uma vez um cristão argumentar que a disciplina eclesiástica não era bíblica. O argumento bíblico para a disciplina da igreja é muito claro. É difícil negá-lo.

O historiador Greg Wills faz uma observação semelhante em seu fascinante livro *Democratic Religion*. Ele descreve quão comum era a disciplina eclesiástica nas igrejas batistas até a Guerra Civil Americana. Depois, a prática começou a desaparecer. Nenhum teólogo argumentou contra a disciplina, diz Wills. Nenhum movimento de igrejas se uniu contra ela. A disciplina simplesmente foi obscurecida. Outras coisas atraíram a atenção das igrejas, como permanecer financeiramente segura, aumentar a sua participação de mercado ou até mesmo reformar a sociedade em geral (e não apenas a si mesmas).

Minha percepção é que a maioria dos pastores admite hoje que a disciplina eclesiástica é bíblica. Mas poucas igrejas a praticam. Não importa aonde eu tenha abordado esse tópico, as pessoas encontram uma desculpa para evitar obedecer a Jesus e às instruções de Paulo referidas acima. Os sul-africanos dizem que ela não funciona em uma cultura tribal como a deles. Os brasileiros observam que as famílias das pessoas são muito unidas. Os havaianos nativos sugerem que isso é muito confrontador para a sua ética "viva e deixe viver". Asiáticos do oriente dizem que isso não funciona em sua cultura que não tolera a desonra. E os americanos ficam preocupados em serem processados. Todos têm uma desculpa.

Tenho novidades para esses criadores de desculpas: vocês não são diferentes. Não há cultura na história do mundo para quem a "disciplina eclesiástica" seja sentida como natural e confortável. O primeiro ato do mundo de disciplina eclesiástica, quando Deus expulsou Adão e Eva do jardim, não foi um caso confortável.

Falando menos globalmente e mais localmente, a disciplina é uma questão difícil por várias razões.

- Os membros da igreja não estão acostumados a serem responsabilizados pelo seu pecado.
- Os pastores também são pecadores.
- Você vive, em alguns casos, com dúvidas sobre se a disciplina é a melhor ação.
- Você se pergunta se fez tudo o que poderia fazer de modo razoável para primeiro restaurar o ofensor.

- A pessoa pode interpretar completamente mal a intenção da disciplina e ficar irada, incitar rebelião ou tornar-se ressentida e evitar o contato.
- Quem deseja o confronto?!

A lista continua.

Lembro-me de uma ocasião em que uma amiga íntima de minha família explicou que estava envolvida em um tipo específico de pecado. Não entrarei em detalhes, mas estava 95% claro para mim que o que ela estava fazendo era pecado. E isso estava 0% claro para ela. Eu consultei diversas outras pessoas. Todas concordaram que era pecado, e que era algo significativo. Meus companheiros presbíteros sugeriram que isso poderia resultar em sua exclusão da igreja. Minha esposa e eu, é claro, detestamos essa possibilidade. Ela era uma jovem cristã e uma amiga amável.

Então, nós instamos com ela durante várias semanas. Durante muitas noites, acordei de madrugada com o estômago agitado, o que não é algo típico para mim. Eu normalmente não tenho dificuldade para dormir. E aqueles 5% de dúvida me fizeram avaliar todo o processo.

Finalmente, ela se arrependeu. Graças a Deus! No entanto, o processo foi difícil. A repreensão abalou temporariamente a nossa amizade; foi emocionalmente desgastante e provocou o risco de ela abandonar nossa igreja.

Hoje, no entanto, não há dúvida em minha mente de que aquilo era a coisa certa a fazer. Ela estava comunicando ao mundo que os cristãos se envolvem nesse pecado específico. E ela estava pondo em perigo a sua própria caminhada com o Senhor. Contudo, o sacrifício temporário que ela fez ao abandonar aquele pecado está operando o seu bem eterno.

O PROPÓSITO DESTE LIVRO

O propósito deste livro é ajudar você, o cristão comum e membro da igreja, a apegar-se à responsabilidade desse seu trabalho. Já escrevi um livro sobre o tema *Disciplina na igreja: como a igreja protege o nome de Jesus*.[1] Se ele é como um voo de avião sobre o tema e foi escrito mais para os pastores, permitindo-lhes olhar para baixo sobre toda a floresta, este livro é mais como uma caminhada em meio ao bosque e foi escrito para os membros da igreja. Meu objetivo é ajudá-lo a fazer o seu trabalho como membro.

E é importante que você faça o seu trabalho, talvez mais do que nunca. A cultura ocidental se esforça cada vez mais contra o cristianismo. O cristianismo nominal está perdendo o vigor. Os cristãos precisam saber quem "eles" são. E o mundo precisa

---

[1] Jonathan Leeman, *Disciplina na Igreja: como a igreja protege o nome de Jesus* (São Paulo: Vida Nova, 2016).

saber quem "nós" somos. A disciplina ajuda a traçar a linha que demarca o limite entre a igreja e o mundo. Ela esclarece o testemunho da igreja e seu poder como contracultura e uma comunidade distinta.

Não somente isso, a Bíblia — esse nosso livro contraintuitivo e contracultural — atesta que Deus nos disciplina "para aproveitamento, a fim de sermos participantes da sua santidade". Continua: "Toda disciplina, com efeito, no momento não parece ser motivo de alegria, mas de tristeza; ao depois, entretanto, produz fruto pacífico aos que têm sido por ela exercitados, fruto de justiça" (Hb 12.10b-11). Você deseja o fruto de paz e de justiça para si mesmo e para sua igreja? Se não, nunca se preocupe com a disciplina. Se você quer provar esse fruto e ajudar outros a fazerem o mesmo, prossiga a leitura.

> "Bem-aventurado o homem, SENHOR, a quem tu repreendes, a quem ensinas a tua lei" (Sl 94.12).

CAPÍTULO 2

PREPARANDO-SE PARA O TRABALHO

Quando eu estava no seminário, um rapaz no meu dormitório referia a si mesmo como o "Caçador de Heresias". Mais recentemente, ouvi sobre um estudante de um seminário que começou um grupo de discussão chamado: "Esta é a verdade, agora lide com ela". E, então, há os blogueiros que se auto intitulam como guardiães das ovelhas, e cujas postagens consistem em classificar alguém de lobo.

Será desnecessário dizer que esses tipos de pessoas — eu lhes chamo de franco-atiradores ou lançadores de granadas — não são aqueles que você quer liderando uma igreja nas ações de disciplina. Sempre é fácil atirar à distância ou lançar uma acusação.

> "A ira do insensato num instante se conhece, mas o prudente oculta a afronta" (Pv 12.16).

"Foge da presença do homem insensato, porque nele não divisarás lábios de conhecimento" (Pv 14.7).

"O insensato expande toda a sua ira, mas o sábio afinal lha reprime" (Pv 29.11).

A maioria de nós, no entanto, provavelmente erra na direção oposta. É mais provável que comecemos um grupo chamado: "Esta é a verdade, mas NÃO vou dizê-la" ou "Esta é a verdade, mas irei fofocar sobre ela com outras pessoas". Assim, deixamos os lobos continuarem como lobos. O medo do que as pessoas pensam nos impede de falar. Abandonamos a oportunidade de fazer o verdadeiro bem, como Provérbios recomendaria:

"Como beijo nos lábios, é a resposta com palavras retas" (Pv 24.26).

"Como maçãs de ouro em salvas de prata, assim é a palavra dita a seu tempo" (Pv 25.11).

"A longanimidade persuade o príncipe, e a língua branda esmaga ossos" (Pv 25.15).

Quer você considere o confronto fácil ou difícil, errando em um sentido ou em outro, todos nós precisamos de ajuda. Precisamos da estrutura mental e da postura de coração corretas.

Aqui está um exemplo claríssimo: Jesus nos diz para tirarmos a trave de nosso próprio olho antes de tirarmos o argueiro do olho de alguém (Mt 7.3-5). Se o seu coração não estiver disposto a considerar a possibilidade de que seu olho tem uma trave, você provavelmente não deve chamar a atenção para os argueiros nos olhos dos outros, *mesmo se estiver certo sobre qualquer argueiro.*

O que eu gostaria de fazer neste capítulo, então, é oferecer cinco características da estrutura mental e da postura de coração corretas para a disciplina.

1. VOCÊ CONFIA NO PODER DO EVANGELHO PARA A MUDANÇA

Às vezes, as pessoas ficam confusas com a ideia da disciplina eclesiástica. As boas novas do cristianismo não são que podemos ser salvos do nosso pecado por meio da morte e da ressurreição de Jesus, pela fé somente e não pelas obras? Se somos salvos pela graça por meio da fé somente, como podemos ser excluídos da igreja por causa de más obras?

> O QUE É O EVANGELHO?
>
> As boas novas são que Jesus viveu a vida perfeita que devíamos ter vivido; sofreu o castigo pelo pecado em sua morte, castigo esse que nos era devido; e ressuscitou dentre os mortos, derrotando

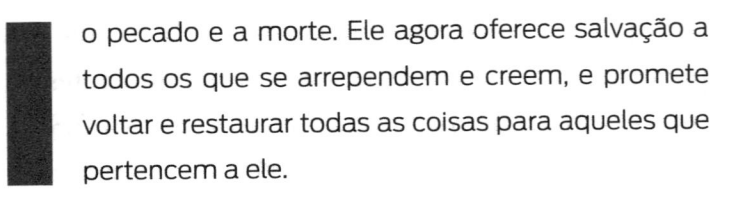

o pecado e a morte. Ele agora oferece salvação a todos os que se arrependem e creem, e promete voltar e restaurar todas as coisas para aqueles que pertencem a ele.

O evangelho nos justifica pela fé e não pelas obras. Mas a fé que justifica *realiza obras*. O Espírito Santo de Deus realmente transforma as pessoas. Cristo sofreu o castigo pelo pecado na cruz. Ele ressuscitou dentre os mortos vencendo o domínio do pecado e a morte, e foi declarado o primogênito de uma nova criação. Agora ele introduz o seu povo nessa nova criação e nova raça. Ele os faz nascer de novo. Paulo, portanto, observa:

> "Como viveremos ainda no pecado, nós os que para ele morremos? [...] Fomos, pois, sepultados com ele na morte pelo batismo; para que, como Cristo foi ressuscitado dentre os mortos pela glória do Pai, assim também andemos nós em novidade de vida" (Rm 6.2, 4).

O arrependimento e a fé, dois lados da mesma moeda, caracterizam essa nova humanidade. Portanto, devemos esperar e começar a buscar sinais de arrependimento na vida de um crente. As árvores na vida de uma pessoa podem permanecer na maior parte do tempo sem folhas, e os ramos em sua maioria cobertos de gelo.

Mas os sinais da primavera não podem passar desapercebidos: os primeiros botões, o som da água gotejante e o vislumbre de um cervo.

É por isso que Paulo diz aos Coríntios: "Examinai-vos a vós mesmos se realmente estais na fé; provai-vos a vós mesmos. Ou não reconheceis que Jesus Cristo está em vós? Se não é que já estais reprovados" (2Co 13.5). Este pode não ser o versículo favorito dos cristãos ocidentais individualistas, mas Paulo claramente crê que ter Jesus Cristo em nós, pelo seu Espírito, resultará em vidas transformadas. E essas diferenças podem ser comprovadas através de provas, por meio de autoexame. Parafraseando John Newton, eu não sou o que deveria ser, mas pela graça de Deus, já não sou o que uma vez fui. Todo cristão deve ser capaz de afirmar isso.

Os cristãos pecarão. Mas é a luta contra o pecado que evidencia que eles são cristãos.

2. VOCÊ ESTÁ CONVENCIDO DE QUE A SANTIDADE É MELHOR DO QUE A IMPIEDADE

A disciplina eclesiástica existe porque Deus é santo, e porque a sua santidade é boa.

É verdade que muitas vezes não gostamos do termo santidade, mesmo que nós, como membros da igreja, falemos muito sobre ele. Parte de nós ainda deseja o que o mundo oferece, como ao olhar para o cardápio de saladas, silenciosamente sentimos fome de hambúrguer e batatas fritas.

Mas a disciplina eclesiástica começa com a conclusão de que Deus é melhor. Deus é melhor do que aquilo que ele criou. Deus é melhor do que perversões daquilo que ele criou: ou pecado. Deus é melhor do que tudo. Portanto, nada é melhor do que ser consagrado a Deus. E isso é santidade: ser consagrado ou separado para Deus.

O QUE É SANTIDADE?
Ser separado do pecado e ser consagrado a Deus e à glória de Deus.

É difícil imaginar como alguém poderia *corretamente* exercer disciplina eclesiástica separado da convicção de que a santidade de Deus é melhor. Você não deve exercer disciplina por razões vingativas. Você não deve exercê-la para punir uma pessoa. Você não deve cumpri-la porque, como o inspetor Javert em *Os Miseráveis*, deseja impor sua visão de justiça no universo. Você exerce a disciplina porque sabe que Deus é bom e que o pecado não arrependido de uma pessoa a separa da bondade de Deus, e — Ó Deus, por favor! — você deseja que a pessoa conheça essa bondade. É como desejar coisas boas para os seus filhos, mas observar que as decisões tolas deles os impedem de desfrutar da bondade.

Em outras palavras, a disciplina deveria surgir do desejo: Desejo pela santidade. Desejo de que a vontade de Deus seja feita na terra como no céu. Desejo pelo que é melhor.

Em outras palavras...

3. VOCÊ AMA COM O AMOR DE DEUS, NÃO COM O AMOR DO MUNDO

Exercer a disciplina por causa da santidade é exercê-la por causa do amor. Amar é desejar o que é melhor para o amado. E Deus sempre é o melhor. Ele é melhor para a pessoa em pecado, melhor para nós mesmos e melhor para as nossas igrejas. Assim, o verdadeiro amor deseja santidade para o amado.

O verdadeiro amor e a santidade são inseparáveis. O mundo nega isso. Na verdade, o mundo não pode entender isso. Desde que a serpente entrou no jardim, o mundo acreditou que respeitar a independência de uma pessoa é uma melhor demonstração de amor. Assim, quando Deus diz "vocês desfrutarão e experimentarão o maior de todos os amores ao consagrarem a sua vida a mim", o mundo se ofende. O mundo retrocede com os olhos arregalados em choque e exclama: "Como você se atreve a ser tão egocêntrico e desamoroso, Deus!".

Mas Jesus diz: "Se alguém me ama, guardará a minha palavra" (Jo 14.23).

 O QUE É AMOR BÍBLICO?
Ter afeição pelo bem do outro, sabendo que o bem supremo é o Deus santo.

E Jesus diz ainda: "Se guardardes os meus mandamentos, permanecereis no meu amor; assim como também eu tenho guardado os mandamentos de meu Pai e no seu amor permaneço" (Jo 15.10).

E João diz: "Porque este é o amor de Deus: que guardemos os seus mandamentos" (1Jo 5.3a).

Essas não são as palavras de um "estraga prazeres". Essas são as palavras de alguém que sabe que os mandamentos de Deus são bons, porque Deus é bom, e que a alegria aguarda aqueles que andam nos caminhos de Deus. João continua: "ora, os seus mandamentos não são penosos, porque todo o que é nascido de Deus vence o mundo" (1Jo 5.3b-4). Nossos conceitos mundanos de amor nos levam a voltarmo-nos para dentro de nós mesmos: nossos desejos, nossos sentimentos e nosso senso de identidade. Mas o amor de Deus nos conduz ao exterior e nos torna pessoas que vencem o mundo, se ao menos abrirmos os nossos olhos para a imensidão, majestade e glória de Deus, e, então, andarmos nos seus caminhos.

Não é amor deixar que fragmentos de pedras flutuando no espaço pensem que são o sol. E não é amor permitir que uma criatura continue ininterruptamente em rebelião contra o Criador.

É amoroso aquele profeta que diz "paz, paz" quando não há paz?

Assim, enquanto você se prepara para o trabalho da disciplina, pergunte a si mesmo por que está pensando nisso. Você está convencido de que Deus é o melhor? Que Deus é amor? Que a santidade de Deus nos chama a uma vida cheia de satisfação e alegria? Que Cristo é melhor do que qualquer coisa que este mundo oferece? Você quer que seu irmão de igreja que foi enganado pelo pecado experimente a Deus mais do que o pecado? Se for assim, você está pronto para começar corretamente.

4. VOCÊ CONFIA QUE A OBEDIÊNCIA A DEUS É A VERDADEIRA LIBERDADE

Alguns desejos pecaminosos se enraízam mais profundamente do que outros. Um homem aprendeu a se irar com o seu pai. Uma mulher experimenta atração pelo mesmo sexo. Um filho luta contra ciúmes e contra o desprezo que sofre em relação a um irmão muito favorecido.

Ao citar as raízes mais profundas do pecado, quero dizer que elas se estendem mais fundo no subterrâneo sombrio da história pessoal do que a memória consegue alcançar. Parece que o pecado sempre esteve ali. Não é um mau hábito recentemente aprendido com um amigo e que pode ser derrotado com um esforço mental adequado. Ele parece necessário, imutável e natural. Esforce-se, esforce-se, esforce-se, e ele continuará voltando ao mesmo lugar. O pecado deve ser "eu", parte da minha identidade.

Quantas vezes os santos foram desencorajados por esses pecados que parecem não morrer, pecados que eles são tentados a nomear "inevitáveis"!

Contudo, o mundo olha para esses desejos mais profundos e reivindica a liberdade de satisfazê-los: "Esse desejo é você, e isso é bom. Expresse-se". A liberdade, segundo a forma de pensar do mundo, é não ter restrições para satisfazer os seus desejos. E um dos maiores valores morais no Ocidente hoje é esse tipo de liberdade. Na verdade, amar alguém é deixá-lo livre para esses desejos profundos.

A Bíblia também valoriza a liberdade, mas reconhece que a verdadeira liberdade é encontrada em outro lugar. A Bíblia não valoriza a liberdade *da* restrição, mas a liberdade *para* — *para* obedecer a Deus e para imitar o seu caráter. "Conhecereis a verdade, e a verdade vos libertará" (Jo 8.32). Ironicamente, a Bíblia chama a liberdade mundana de escravidão. A Bíblia afirma que somos governados como escravos pelos nossos desejos caídos (veja Rm 6 e 7). Dizer que uma pessoa é livre para seguir os seus desejos caídos é como dizer a um escravo que ele está livre para obedecer ao mestre que o destruirá; só que o mestre é a sua própria carne.

A verdadeira liberdade é ser nascido de novo para querer o que Deus quer. Você começa a desejar a verdade de Deus, o caráter de Deus, os caminhos de Deus, os deleites de Deus; exatamente as coisas para as quais fomos criados. Os deleites de Deus se tornam os seus deleites. A liberdade bíblica é a liberdade que um dançarino treinado experimenta ao executar a pirueta perfeita, que o pianista de *jazz* desfruta em uma mistura de arranjo e improvisação, que um arquiteto que domina a engenharia e a geometria desfruta enquanto as suas linhas a lápis erguem um prédio em direção ao céu.

A liberdade bíblica, em outras palavras, é a liberdade de criar a bondade e a beleza que cada mestre artesão aprendeu através de anos de treinamento e disciplina. A disciplina eclesiástica trabalha lenta e cuidadosamente buscando esse tipo de liberdade. Ela treina a mente e o coração daqueles que nasceram de novo na arte de viver pela Palavra de Deus e de acordo com o caráter de Deus. Existe algo mais belo do que uma vida que manifesta a benignidade, o amor, a bondade, a justiça, a sabedoria e a compaixão de Deus?

O QUE É LIBERDADE BÍBLICA?
Ter o desejo e a capacidade de fazer a vontade de Deus.

O ponto, portanto, não é que as correções de nossos membros da igreja sempre eliminarão as ervas daninhas do pecado que estão plantadas profundamente, pelo menos não nesta vida. O ponto é que nós começamos a "capinar" ou começamos o treinamento para a santidade juntos. Não devemos ser enganados pela falsa liberdade de ceder ao desejo pecaminoso. Pois, assim como um desejo pecaminoso parece tão *natural*, assim também os cristãos dependem do *sobrenatural* para mudar e para recriar, parcialmente agora e completamente no futuro.

Por mais profundos que sejam os nossos desejos naturais, o Espírito de Deus alcança ainda mais profundamente (1Co 2.10-16). "Assim", diz Paulo, "corro também eu, não sem meta; assim luto, não como desferindo golpes no ar. Mas esmurro o meu corpo e o reduzo à escravidão" (1Co 9.26-27). E ele fazia isso mesmo quando um espinho na carne (uma tentação?) nunca fora removido (2Co 12.7-9). Na igreja, fazemos isso juntos e uns pelos outros. Disciplina eclesiástica significa treinamento em equipe.

Eu já disse que você começou bem o trabalho da disciplina se você anela pela santidade e é motivado pelo amor. Agora, permita-me acrescentar isto: seu objetivo ao corrigir o pecado também deve ser a liberdade. Sua mensagem para a pessoa surpreendida no pecado é sempre: "Para a liberdade foi que Cristo nos libertou. Permanecei, pois, firmes e não vos submetais, de novo, a jugo de escravidão" (Gl 5.1).

A uma certa altura, é claro, não disciplinamos para fins de treinamento, mas para o propósito de redenção (1Co 5.5). Quando o passo final da disciplina é necessário, e uma pessoa é excomungada da igreja, estamos dizendo que parece que ela precisa de redenção. Nossa esperança é que essa etapa final da exclusão desperte a pessoa para esse fato. É como se permanecêssemos durante meses ao redor de um campo de escravos, implorando ao escravo que abandonasse as suas correntes. Mas ele persiste em recusar. Então, finalmente nos viramos e vamos embora, esperando que, se nada mais funcionou, a visão de nos ver partindo o induza a abandonar a sua escravidão e nos seguir.

5. VOCÊ ESTIMA A SABEDORIA MAIS DO QUE MANIFESTAR AS SUAS OPINIÕES, EFICIÊNCIA OU VITÓRIA

Suponha que um amigo diga algo que o ofenda; ou que você esteja falando com um irmão cristão cujo casamento está conturbado, e você sente que a culpa é dele; ou imagine que você perceba uma crescente dureza de coração em uma irmã cristã por ela apresentar um padrão de comentários sarcásticos e desdenhosos sobre os outros. Há um certo tipo de pessoa, diz Provérbios, que observará cada uma dessas situações e partirá para o confronto muito rapidamente.

> "Responder antes de ouvir é estultícia e vergonha" (Pv 18.13).

> "O insensato não tem prazer no entendimento, senão em externar o seu interior" (Pv 18.2).

O tolo deseja ter uma boa aparência. Ele gosta de corrigir porque pensa que isso o faz parecer superior. Pensa que isso mostra a todos que ele dominou o assunto e se elevou acima do problema. Então, ele levanta a sobrancelha e se sente justificado.

Mas a sabedoria caminha, não corre:

> "O longânimo é grande em entendimento, mas o de ânimo precipitado exalta a loucura" (Pv 14.29).

> "Ouça o sábio e cresça em prudência; e o instruído adquira habilidade" (Pv 1.5).

Uma pessoa que estima a sabedoria entende que a vida é complicada. Há um tempo em que você não deve responder ao insensato segundo a sua estultícia (Pv 26.4). E há um tempo em que você deve responder ao insensato segundo a sua estultícia (v. 5). Há tempo de derribar e tempo de edificar; tempo de espalhar pedras e tempo de ajuntar pedras; tempo de abraçar e tempo de afastar-se de abraçar; tempo de rasgar e tempo de coser; tempo de estar calado e tempo de falar; tempo de amar e tempo de aborrecer; tempo de guerra e tempo de paz (Ec 3.3, 5, 7-8). Os sábios sempre prestam atenção ao tempo. Há um tempo para corrigir um irmão de igreja e um tempo para não corrigir. Voltando às ilustrações iniciais, talvez você tenha entendido mal as palavras ofensivas do seu amigo. Ou talvez seja menos culpa do marido do que você pensa que é. Ou talvez o coração da irmã não esteja ficando endurecido, talvez ela esteja se sentindo negligenciada e magoada.

Às vezes, por razões de eficiência, as igrejas estabelecem políticas de disciplina eclesiástica: "sob as circunstâncias 'x', procederemos com a disciplina na igreja". Mas, para que não nos obriguemos ao que a Escritura não nos obriga, tais políticas precisam ser suavizadas com um grande "ordinariamente": "procederemos ordinariamente...". A sabedoria entende, como um antigo filósofo grego, que você nunca pisa no mesmo rio duas vezes. Portanto, a sabedoria insiste em fazer muitas perguntas, considerando de modo extenuante as circunstâncias, ouvindo várias explicações e dando o benefício da dúvida.

Os sábios exercitam a sensibilidade e a compaixão. Eles sabem que a sabedoria vem de Deus, não de si mesmos: "Porque o SENHOR dá a sabedoria, e da sua boca vem a inteligência e o entendimento" (Pv 2.6). Eles não podem esperar mais dos outros do que esperam de si mesmos. E isso os torna pacientes e não ansiosos. Eles sabem que a compreensão vem lentamente, assim como a criança leva anos para aprender com o pai. Eles não podem forçar o resultado, mas devem esperar pelo Senhor. Uma pessoa que pratica a disciplina deve ser paciente; ah, muito paciente.

> O QUE É SABEDORIA BÍBLICA?
> A *postura* de reconhecer que o universo é de Deus, bem como a *habilidade* de navegar com sucesso nas complexidades de um mundo ordenado, mas, às vezes, imprevisível e, até, injusto.

Os sábios também amam a sabedoria mais do que vencer. Eles começam com perguntas e não com acusações. Eles escutam. E eles estão dispostos a mudar de conduta no meio da conversa à medida que novo conhecimento vem à luz, sem medo de admitir o erro. O ego não é o capitão da conversa.

No entanto, uma pessoa que está mais preocupada em vencer ou com a reputação, não escuta. Uma vez que a conversa começa, não há volta. A pessoa precisa vencer. Ela usa evidências e explicações para confirmar os seus preconceitos e pré-julgamentos. Há quase um sentido em que podemos dizer que a pessoa que está mais preocupada com a vitória tem suas balanças desequilibradas, balanças que se inclinam para fazer com que ela mesmo pareça boa.

"Dois pesos são coisa abominável ao SENHOR, e balança enganosa não é boa" (Pv 20.23).

"Guardes estes conselhos, sem prevenção, nada fazendo com parcialidade" (1Tm 5.21).

Assim, enquanto se prepara para o trabalho da disciplina, pergunte a si mesmo: Você já pré-julgou a situação e já emitiu um veredito? Ou você está interessado em buscar entendimento? Você é capaz de iniciar conversas fazendo perguntas genuínas e não apenas perguntas tendenciosas? Você reconhece que a sabedoria vem de Deus, não de sua ampla experiência e de uma vida muito justa? Finalmente, você reconhece que todos nós crescemos em sabedoria lentamente, e que isso também é verdade em relação à pessoa surpreendida em pecado? Sua primeira reação pode ser defensiva. Mas espere e veja. Veja se o coração começa a se enternecer. Às vezes, você também demora a descobrir a verdade, lembra? Eu suspeito que posso confirmar esse fato com a sua mãe.

UMA CULTURA DE MEMBRESIA SIGNIFICATIVA

Assim como o casamento, a disciplina eclesiástica pode ser realizada de modo ruim. Muitas vezes é. E uma das maneiras mais fáceis de se assegurar que você exercerá ou será objeto de exercício de má disciplina é manter, do ponto de vista relacional, todos em sua igreja à certa distância. Não dedique tempo às pessoas fora do encontro semanal. Nunca invista em outros ou aprenda com as experiências de vida deles. Se pecar, não confesse o seu próprio pecado nem seja transparente. Viva superficialmente e mantenha seus relacionamentos de modo não significativo. Não sofra inconveniências por ninguém. Então, depois de vários anos agindo assim, comece a corrigir as pessoas. Veja como a disciplina ocorrerá.

Na verdade, a disciplina eclesiástica funciona melhor em uma cultura eclesiástica marcada pelo encorajamento e pelo amor. Henry Drummond escreveu:

> Você perceberá, se pensar por um momento, que as pessoas que influenciam você são as que acreditam em você. Em uma atmosfera de suspeita, os homens se retraem; mas, nessa atmosfera, eles se expandem e encontram encorajamento e comunhão educativa.[2]

---
2 Henry Drummond, *The Greatest Thing in the World* (Grand Rapids, MI: Revell, 1911).

Recebemos mais rapidamente as correções das pessoas que demonstraram o seu amor por nós ao longo do tempo. O envolvimento da sua igreja é caracterizado por manifestações constantes de amor? Se você tem posições de autoridade na igreja, é conhecido por usar a sua autoridade para edificar e não para destruir? Se não, talvez seja melhor fechar esse livro e voltar a abri-lo daqui a um ano.

CAPÍTULO 3

SEU LOCAL DE TRABALHO

É importante ser um membro da igreja. Na verdade, isso pode ser mais importante agora do que em qualquer outro momento da história do Ocidente.

Antigamente, todos os seus amigos da escola, seus professores, seu médico, o dono do mercado, o prefeito e os seus colegas de trabalho, provavelmente, se chamavam cristãos. Se eles eram ou não é uma outra história. Mas a crença deles sobre as crenças deles tornava mais fácil você concordar com eles e progredir como um cristão. Os valores deles basicamente reforçavam os seus: trabalhe duro, guarde o sexo para o casamento e cumprimente o ministro com um aperto de mão e um sorriso na saída da igreja no domingo. Nessas ocasiões, podia haver hipócritas em abundância. Os cristãos nominais poderiam superar em número os verdadeiros. Mas poucos editores de jornais e produtores de Hollywood faziam guerra aos seus princípios morais fundamentais. Eles não o chamariam de alguém odioso por acreditar no que os cristãos sempre creram.

Os tempos certamente mudaram, em alguns aspectos, para melhor, e em alguns outros aspectos, para pior. Direitos civis para afro-americanos é algo bom. O fim de as pessoas acreditarem que são cristãs quando não são é bom. Mas de outras maneiras, está ficando mais difícil para um cristão viver e crer como um cristão, não que Jesus tenha prometido o contrário. Ele não disse algo sobre ter aflições neste mundo?

Os americanos gostam de pensar em si mesmos como pensadores independentes. Mas nenhum de nós realmente é. Usamos as roupas que nossos amigos usam. Rimos dos mesmos programas de televisão que nossos amigos riem. Gastamos dinheiro nos mesmos lugares de férias que nossos amigos gastam. Em geral, chamamos de certo e de errado o que nossos amigos chamam de certo e de errado. Nós todos somos influenciados pelas pessoas das quais escolhemos estar perto.

Então, com os tempos sendo o que são é mais importante do que nunca ter uma igreja ao seu redor. Você terá que nadar rio acima neste mundo para sobreviver como um cristão. Acha que pode fazer isso sozinho?

O QUE É A IGREJA LOCAL?

Nos capítulos anteriores, eu disse que Jesus designou que todos nós que somos cristãos participemos na disciplina eclesiástica. E depois, nós meditamos sobre a estrutura mental e a postura do coração necessárias para tal trabalho. Vamos dedicar um momento agora para pensarmos sobre o nosso verdadeiro local de trabalho: a igreja onde você é um membro. Eu acabei de afirmar que é mais importante do que nunca ser membro. Mas o que é exatamente a igreja?

Há muitas maneiras de responder a essa pergunta. A Bíblia se refere à igreja como o povo de Deus, o corpo de Cristo, o templo do Espírito, uma nação santa, um sacerdócio real, o rebanho, a coluna e baluarte da verdade, dentre muitos outros mais. Jesus identificou a si mesmo com a igreja (At 9.4). Poderíamos pensar em qualquer uma dessas descrições por horas.

No entanto, una-se a mim por apenas um segundo em Dupont Circle em Washington, D.C. Se começarmos a caminhar para o noroeste na avenida Massachusetts, imediatamente passaremos, à nossa esquerda, pela embaixada de Portugal, seguida pela embaixada da Indonésia. Uma quadra depois, à nossa direita, está a embaixada da Índia. E, depois, atrás no lado esquerdo, em outra quadra, estão as embaixadas de Luxemburgo, de Togo, do Sudão, das Bahamas, da Irlanda e da Romênia. Veja, do outro lado da rua do lado direito, quase perdemos as embaixadas do Turquemenistão e da Grécia. E assim por diante na avenida Massachusetts: Letônia, Coréia do Sul, Burkina Faso, Haiti, Croácia, República do Quirguistão, Madagáscar, Paraguai, Malauí, etc.

Esse lugar é chamado de Corredor das Embaixadas, e é maravilhoso. Na frente de cada embaixada, você verá a bandeira de cada país tremulando. Entre, e você ouvirá a língua de outro povo. Una-se a eles para um jantar e saboreie as coisas nativas e que são produzidas em seu solo nacional. Depois, espreite o escritório do embaixador e ouça os acordos diplomáticos da nação. Não que eu já tenha passado além das bandeiras exteriores!

O QUE É UMA IGREJA?
Um grupo de cristãos que se identificam juntamente como seguidores de Jesus, reunindo-se regularmente em seu nome, pregando o evangelho e celebrando as ordenanças.

Mas aquelas não são as únicas embaixadas em Washington, D.C. Há embaixadas de outro tipo: as igrejas locais que pregam o evangelho. A igreja local também representa outro reino. Você não encontrará esse reino atravessando algum oceano. O reino de Cristo está esperando por nós no final da história;

apenas os seus cidadãos começaram a aparecer na história agora. Eles se reúnem no Dia do Senhor, o primeiro dia da semana. Eles proclamam a mensagem salvífica e vigente de Cristo Rei. Eles erguem a sua bandeira por meio do batismo, e a sua culinária nacional é composta de um pão e um cálice.

Sim, estou falando metaforicamente quando me refiro à igreja local reunida como uma embaixada. Mas é isso que uma igreja local é. Somos cidadãos do céu, dizem os autores do Novo Testamento (Fp 3.20; Hb 8.11; Ef 2.19; 1Pe 1.1). Nós somos o povo do reino de Cristo e somos uma nação santa, vivendo em meio às nações deste mundo. E a reunião de uma igreja é esse tipo de embaixada, ou posto militar, ou colônia, ou reino de Cristo. Juntos nos curvamos diante de outro Senhor. Possuímos uma cultura de outro mundo: pobreza de espírito, tristeza pelo pecado, mansidão, fome e sede de justiça, misericórdia, pureza de coração, pacificação e, até mesmo, disposição para sermos perseguidos. Nossa conversa é diferente. Nossas condutas são estranhas. Nós, até mesmo, fazemos coisas inexplicáveis com o nosso dinheiro, como a doação. E, então, há a nossa ocupação como embaixadores: chamar outros para que sejam reconciliados com o nosso rei (2Co 5.16-21).

Em outras palavras, as nações do mundo devem ser capazes de entrar em uma de nossas reuniões e dizer:

"Essas pessoas não agem como nós. De onde elas vêm?". Eles devem ser surpreendidos com a sabedoria de nosso Deus em exibição através da nossa unidade (Ef 3.10). Eles devem cobiçar o nosso amor (veja Jo 13.34-35) e devem ser movidos a louvar a Deus quando veem nossas boas obras (Mt 5.16; 1Pe 2.12).

Sua igreja local e a minha deveriam, de fato, ser compostas por aqueles que são chamados. Nós somos o povo de Deus, a habitação do seu Espírito e o corpo do seu Filho! Somos de outro mundo. E nossas reuniões, não importa onde aconteçam, são como as embaixadas na avenida Massachusetts em Washington, D.C., apenas são mais singulares e mais maravilhosas.

A AUTORIDADE DA IGREJA LOCAL

Além disso, a igreja local possui a autoridade para falar de um modo especial e formal pelo Rei Jesus. Por exemplo, você pode pensar em como a embaixada da Indonésia, em Washington, pode falar pelo governo da Indonésia mais formalmente do que um turista indonésio andando pelas ruas de Washington. Da mesma forma, uma igreja local reunida pode fazer declarações "oficiais" em nome do céu de um modo que um cristão individual não pode. E a disciplina da igreja depende do fato de que a igreja reunida pode fazer declarações oficiais em nome de Jesus e de seu governo no céu.

Eu penso que os cristãos hoje têm dificuldade em entender isso. É difícil apenas entender: "O que significa uma igreja poder 'falar' pelo céu de um modo que eu, como um cristão, não posso?". E é difícil aceitar: "Isso não pode estar certo, pode?".

Eu já escrevi sobre isso em outros lugares, mas me permita tentar lhe mostrar brevemente no evangelho de Mateus, a partir de onde extraio essa minha compreensão. Para começar, o evangelho de Mateus está preocupado com a questão de quem representa o céu na terra. De volta ao jardim do Éden, o céu e a terra habitavam juntos. Gênesis 3 deixa claro que eles foram separados. Entretanto, o evangelho de Mateus começa com João Batista e com Jesus, que aparecem anunciando que o reino dos céus está próximo. Jesus continua a descrever quem possuirá o reino dos céus e herdará a terra. Ele, depois, diz aos seus discípulos que orem para que a vontade do Pai celestial seja feita na terra e no céu. E ele lhes diz para guardarem os seus tesouros no céu, não na terra (Mt 3.2; 4.17; 5.3,5; 6.9-10,20). Continuamente, o evangelho de Mateus segue mencionando o céu ou o reino dos céus por 73 vezes. O evangelho é concluído com Jesus dizendo que o Pai lhe concedeu toda autoridade no céu e na terra (28.18). O céu e a terra podem não estar completamente juntos novamente, mas estão unidos sob o domínio de Jesus. Jesus representa o céu!

Mas isso não é tudo. Em Mateus 16, Jesus dá aos apóstolos algo que ele chama de "as chaves do reino", e então ele dá as chaves para a igreja local em Mateus 18. E diz que essas chaves ligam na terra o que está ligado no céu e desligam na terra o que está desligado no céu (Mt 16.19; 18.18). O que isso poderia significar?

Assim como Jesus confirma Pedro e a confissão de Pedro em Mateus 16, isso significa que a igreja reunida tem autoridade para confirmar o *que* e o *quem* do evangelho: o *que* é uma verdadeira confissão do evangelho e *quem* é um verdadeiro confessor do evangelho. Algo como isso:

> Ouvi, ouvi, ó nações da terra. Declaramos em nome de Deus no céu que Jesus é o Messias crucificado e ressurreto. *Essa* é a mensagem do evangelho. Nós também declaramos que *essas pessoas* são cidadãs da sua cidade celestial. E vós, nações da terra, deveis considerar esta mensagem como uma mensagem celestial, e deveis considerar essas pessoas como cidadãos do céu.

Ou como isso: "Essa *não* é a mensagem do céu, e esse *não* é um cidadão celestial".

Em outras palavras, Mateus 16 e 18 dão às igrejas locais a autoridade para falarem por Jesus e assim falarem pelo céu. As igrejas fazem isso articulando as suas declarações de fé e tornando as pessoas membros ou excluindo-as de serem membros.

O que é útil reconhecer, eu acho, é que quando o evangelho de Mateus fala sobre o reino dos céus, não está falando tanto sobre um lugar. Em vez disso, está falando sobre algo como um sistema legal ou um governo ("venha o teu reino, seja feita a tua vontade"). O reino dos céus no evangelho de Mateus é o sistema jurídico ou o governo do Pai Celestial. Ligar ou desligar no céu, então, é falar com a autoridade de embaixador em nome do governo do céu. O status de uma pessoa em um lugar chamado céu não muda quando as igrejas ligam ou desligam pessoas. Em vez disso, o status de uma pessoa na terra muda. Ela se torna um membro de uma igreja visível na terra — talvez um membro da sua igreja. Ou ela é excluída dessa membresia. Assim diz o corpo encarregado de falar pelo governo do céu.

Já usei a metáfora de uma embaixada para ilustrar a natureza da autoridade da igreja. Uma embaixada pode falar por um governo de uma forma que os cidadãos individuais não podem (por exemplo, dando a você o seu passaporte). Outra metáfora que pode ser útil para fins ilustrativos é pensar no que um juiz faz. Quando um juiz diz "culpado" ou "inocente", ele fala em nome de um sistema legal ou governo. Ele não faz da lei o que ela é. Ele não torna uma pessoa culpada ou inocente. Mas o fato de ele falar em nome de um sistema legal significa que a sua declaração tem consequências no mundo real: o réu fica livre ou vai para a prisão. Da mesma forma, quando a igreja reunida fala, afirma que certa doutrina ou prática está de acordo com o evangelho ou não, e afirma que uma certa pessoa é um cidadão do evangelho ou não; há consequências no mundo real: uma igreja local é organizada desse modo.

É claro que igrejas podem estar enganadas em sua avaliação, assim como os pais, os príncipes e os juízes podem estar enganados em seus julgamentos. Ainda assim, o trabalho da igreja é apresentar ao planeta Terra a palavra do céu sobre o *quem* e o *que* do evangelho. As igrejas declaram quem são os membros do corpo de Cristo. O discurso da igreja é tanto legal (representando o reino de Cristo) quanto pactual (representando a nova aliança).

Como uma igreja faz essas declarações? Ela as faz através do batismo e da Ceia do Senhor. O batismo é o sinal de que pertencemos à nova aliança e ao povo do reino de Cristo, assim como a circuncisão era o sinal da aliança abraâmica. A Ceia do Senhor é a nossa refeição memorial regular, como a Páscoa era a refeição memorial para Israel. As ordenanças apresentam ao mundo uma descrição de quem são os membros da igreja. Elas colocam um "crachá" de Jesus em nosso peito.

> **O QUE É MEMBRESIA DA IGREJA?**
> Um pacto entre os crentes pelo qual eles afirmam as profissões de fé uns dos outros por meio das ordenanças, e concordam em orientar uns aos outros no que diz respeito ao discipulado a Cristo.

Se você não entendeu tudo isso, aqui está um resumo: a igreja local fala especialmente em nome do céu. Ela batiza as pessoas em nome do Pai, Filho e Espírito. Reúne-se em seu nome para representar a Deus, seu nome e sua autoridade (Mt 18.20; 28.19-20). Os cristãos, reunidos como igrejas locais, possuem uma autoridade que cada um de nós, como cristãos individuais, não possui: definem-nos como um grupo de pessoas do reino de Cristo; afirmam mutuamente a mensagem do evangelho que nos torna cristãos; e afirmam ou reconhecem uns aos outros como crentes. Você pode expressar isso de modo ainda mais simples: uma igreja tem a autoridade para escrever a sua própria declaração de fé e estabelecer as suas próprias regras de membresia. Um cristão individual, por definição, não pode fazer essas coisas. Afinal, são necessárias duas ou três pessoas para concordarem com o evangelho e com as profissões evangélicas uns dos outros. Você concordando consigo mesmo não constitui uma igreja!

VOCÊ E O SEU LOCAL DE TRABALHO

Agora, aqui está algo verdadeiramente significativo: Jesus dá a *você* a tarefa de segurar as chaves do reino junto com a sua igreja reunida.

Por exemplo, isso é exatamente o que Paulo diz aos membros da igreja de Corinto em um caso de disciplina da igreja: "em nome do Senhor Jesus, reunidos vós e o meu espírito, com o poder de Jesus, nosso Senhor, entregue a Satanás para a destruição da carne, a fim de que o espírito seja salvo no Dia do Senhor" (1Co 5.4-5). Ele não está se dirigindo aos presbíteros ou pastores, mas aos membros da igreja de Corinto. E observe onde ele disse que esses membros deveriam entregar aquele homem ao reino de Satanás: quando estiverem reunidos em nome de Jesus. É ali que o poder de Jesus está presente.

Na verdade, seu trabalho como membro da igreja não começa nas reuniões da igreja, mas com seus irmãos de igreja ao longo da semana. Falaremos disso nos próximos capítulos. Contudo, é importante perceber que você participa do trabalho dessa embaixada ou colônia do céu. É como se você entrasse em um edifício da embaixada para obter a renovação do seu passaporte, e eles o colocassem para trabalhar! Você agora faz parte da equipe de embaixadores.

Como um membro da igreja, você trabalha para uma embaixada representando o céu. Você entendeu isso? Sua mãe tinha ambições tão elevadas para você?

São os cristãos que entendem que esse é o elevado chamado do membro da igreja que será capaz de sobreviver enquanto o mundo luta contra o cristianismo. Quanto àqueles que tentam viver separados da responsabilidade e da comunhão de uma igreja, bem, eles podem sobreviver por um tempo em uma cidade hostil. Porém, muitos apenas se integrarão. Ah, se ao menos eles soubessem que força e que porto seguro encontrariam dentro das portas da embaixada!

CAPÍTULO 4

UMA DESCRIÇÃO DO SEU TRABALHO
PARTE 1

Estêvão era meu amigo e companheiro de corrida ocasional no fim dos anos noventa. Nós conseguíamos correr desde Capitol Hill, onde ambos morávamos, passando pelo edifício do Capitólio e pelo National Mall, e depois voltávamos. Às vezes, comíamos alguma coisa depois. Boa paisagem. Boa companhia.

Nós dois éramos solteiros na época, e, como dois homens solteiros, a conversa naturalmente girava em torno de relacionamentos de namoro. Normalmente, essas conversas não eram terrivelmente dignas de importância — o tipo de coisa que você esperaria de homens cristãos em seus vinte anos. Então, em um dia particular, Estêvão compartilhou comigo que tinha iniciado um hábito de pecado sexual. Quando eu instei com ele, Estêvão imediatamente admitiu que a Bíblia dizia que isso era errado. Mas, em seu coração, ele cria que Deus não se importava com a sua conduta.

Eu falei com ele algumas vezes sobre o assunto. Depois, trouxe outro membro da igreja, Pedro, que também era amigo de Estêvão. Estêvão respondeu a Pedro como a mim: de modo insensível. Pedro e eu levamos o assunto aos presbíteros de nossa igreja, que tiveram a mesma resposta de Estêvão. E os presbíteros finalmente trouxeram a situação de Estêvão a toda a congregação.

Nesse momento, Estêvão tentou renunciar à sua membresia da igreja. Mas os presbíteros entenderam que as pessoas se unem à igreja com o consentimento da igreja e saem com o consentimento da igreja. Como vimos no último capítulo, Jesus deu autoridade à igreja local para disciplinar os seus membros. Que bem haveria nessa autoridade se uma pessoa pudesse simplesmente escapar ao renunciar?

Existem questões legais a serem tratadas com cuidado aqui (uma igreja deve ser capaz de demonstrar "consentimento esclarecido" em seus processos de membresia). Mas, teologicamente, tenha em mente o que é a membresia da igreja da perspectiva da igreja: trata-se da afirmação formal da igreja de sua profissão de fé, juntamente com o compromisso de supervisionar o seu discipulado. Sem disciplina, essa confirmação e supervisão não têm sentido, ou seja, a membresia se torna sem sentido. Se uma igreja não pode remover a sua afirmação, para que serve a afirmação? A fim de que essa afirmação e essa supervisão signifiquem algo, a igreja precisa ser capaz de "corrigir o registro". Excomunhão é a igreja dizendo à comunidade: "Nós antes afirmamos a profissão de fé dessa pessoa, mas não podemos mais fazê-lo". Portanto, a pessoa pode não gostar, mas a igreja tem o seu próprio problema de relações públicas para resolver quando o indivíduo sob disciplina tenta renunciar. Na verdade, um indivíduo tentando renunciar enquanto sob disciplina está tentando coagir toda a igreja a fazer uma declaração pública sobre ele na qual a igreja não acredita.

Mas a Bíblia não diz: "Se ele não ouvir a igreja, considere-o como um gentio ou publicano... a menos que ele renuncie primeiro. Nesse caso, considere-o como um cristão". Logo, quando Estêvão tentou resignar, a igreja recusou a sua resignação. Depois de várias outras advertências, ele foi formalmente excluído da membresia e da participação na mesa do Senhor como um ato de excomunhão.

INICIANDO: CRIE RELACIONAMENTOS

Então, como você, como um membro comum da igreja, aborda a disciplina da igreja? O lugar para começar é construindo relacionamentos com os membros da igreja. Você tem outras razões para construir relacionamentos, é claro. Mas uma delas é ajudar a si mesmo e outros a se exercitarem em justiça.

Alguns capítulos atrás, observei que a correção funciona melhor quando as pessoas se conhecem e confiam umas nas outras. É como todos os livros de casamento e os pais afirmam: diga dez palavras de encorajamento para cada palavra de correção. O mesmo princípio se aplica aos nossos relacionamentos na igreja. Estou lembrando do meu amigo Donald, de quem eu mal posso passar no corredor sem receber uma palavra de encorajamento. Não apenas isso, Donald é um amigo. Ele me conhece. Portanto, se ele achar necessidade de me corrigir por eu ser um tolo, o que já foi evidenciado uma ou duas vezes, você acha que ele teria moedas suficientes em seu bolso para pagar esse pedágio? Pode apostar que sim. Eu confio nele. E noventa e nove por cento da disciplina em uma igreja deve ocorrer aqui: em encontros relativamente fáceis entre amigos que confiam um no outro.

O caminho para você começar em seu trabalho não é conhecer cada membro de sua igreja; não é você fingir ser extrovertido quando é introvertido. Em vez disso, é começar lentamente a construir relacionamentos significativos e espiritualmente intencionais com outros membros, de acordo com a sua capacidade emocional.

Observe que eu disse "espiritualmente intencional". É bom falar sobre futebol ou opções educacionais para os seus filhos. Faça isso. Mas também busque conversas que edifiquem e concedam graça (Ef 4.29). Pergunte aos seus amigos o que eles acharam do sermão de domingo. Mostre evidências da graça. Compartilhe testemunhos. Confesse o pecado. Fale sobre o que Deus tem lhe ensinado sobre si mesmo.

Se este tipo de conversa é incomum na cultura de sua igreja, será desconfortável no início. Tudo bem. Tenha calma e não force conversas como essas. Ainda assim, pouco a pouco, com paciência e entusiasmo, seja um agente de mudança cultural falando sobre coisas que importarão para a eternidade.

O TRABALHO: RECONCILIE, RESTAURE E ENCORAJE O ARREPENDIMENTO

No capítulo 1, eu defini a disciplina eclesiástica de modo geral, como sendo a correção do pecado, e, estritamente, a remoção de alguém da membresia na igreja. Você começa com a correção. E, pouco a pouco, quando necessário, prepara o caminho para a exclusão, que por sua vez, espera-se, conduzirá à restauração. Esse é o grande resumo do trabalho.

Em outras palavras, você está trabalhando para reconciliação, restauração ou arrependimento. Essas são categorias sobrepostas. Trabalhar em prol de uma é trabalhar em prol de todas. Mas é importante considerar passagens bíblicas que enfatizam cada uma delas.

Reconciliação. Para começar, o seu trabalho é se esforçar pela reconciliação. O pecado divide. E a igreja deve ser unida. Jesus ensina:

> "Se teu irmão pecar [contra ti], vai argui-lo entre ti e ele só. Se ele te ouvir, ganhaste a teu irmão. Se, porém, não te ouvir, toma ainda contigo uma ou duas pessoas, para que, pelo depoimento de duas ou três testemunhas, toda palavra se estabeleça. E, se ele não os atender, dize-o à igreja; e, se recusar ouvir também a igreja, considera-o como gentio e publicano". (Mt 18.15-17)

Observe que há uma contenda entre dois membros em uma igreja. Um pecou contra o outro. Então Jesus diz ao ofendido para tentar se reconciliar com o ofensor.

Esse tipo de confronto pode ser feito de modo ruim ou bom. De modo ruim, lembro-me de ouvir como Cristine se ofendeu quando alguns dos membros do seu pequeno grupo lhe fizeram perguntas desafiadoras. Então, ela deixou o estudo silenciosamente magoada e irada. Passaram-se semanas antes que ela dissesse qualquer coisa. Quando finalmente o fez, ela não falou diretamente com as mulheres que a ofenderam, mas usou a dor para manipular outra mulher do grupo em seu favor. Seu tom ecoou como condenação. Por tudo isso, Cristine não estava disposta a considerar a possibilidade de que ela estivesse enganada. A questão nunca foi totalmente resolvida.

De modo positivo, penso em Cátia, que estava sob muito estresse no trabalho. Quando seu colega de trabalho e irmão de igreja, Joe, lhe pediu para cumprir uma tarefa pela qual ela era responsável, e da qual ele estava dependendo, ela reclamou e se recusou. Atento e cautelosamente, Joe tentou aproximar-se dela para falar sobre o assunto, mas ela imediatamente o afastou. Joe, portanto, falou com outro membro da igreja, Cristiano, e lhe pediu para intervir. Esperando por um momento calmo, Cristiano o fez. Cátia, quebrantada pelo Espírito e pelas palavras amorosas de Cristiano, imediatamente confessou e se arrependeu. Seguiram-se palavras de desculpas e uma oração de agradecimento entre os três.

Seu trabalho, cristão, é se esforçar pela reconciliação. Bem-aventurados os pacificadores, porque eles serão chamados filhos de Deus.

Restauração. Seu trabalho também é se esforçar pela restauração. Ouça como Paulo afirma isso:

> "Irmãos, se alguém for surpreendido nalguma falta, vós, que sois espirituais, corrigi-o com espírito de brandura; e guarda-te para que não sejas também tentado. Levai as cargas uns dos outros e, assim, cumprireis a lei de Cristo" (Gl 6.1-2).

Judas prevê uma situação semelhante quando exorta: "salvai-os, arrebatando-os do fogo" (Jd 1.23). Os dois autores têm em mente alguém que é "surpreendido". Ele ou ela está preso. As pernas estão presas em areia movediça. As mãos estão em grilhões. O fogo está por toda parte, e, assim, um restaurador ou um socorrista é necessário. Esse é você, se for alguém que está andando pelo Espírito. Mas faça-o gentilmente. E certifique-se de que você mesmo não cairá na areia movediça.

Novamente, eu consigo lembrar de exemplos ruins e de exemplos bons. Quanto a um exemplo ruim, Tiago falou em um tom petulante a Beto sobre os seus fracassos como marido, provocando o orgulho de Beto e fechando os ouvidos dele para o bom conselho que Tiago poderia ter oferecido.

Quanto a um exemplo bom, Eliza sabia que estava insensível à ameaça de Jane de abandonar o marido. Então, ela se forçou para ouvir Jane por uma hora para entender e simpatizar-se com a irritação de Jane com seu casamento. Capacitada com essa empatia, ela então teve a habilidade de persuadir Jane a não abandonar seu marido. Ela conversou com Jane e a restaurou.

Arrependimento. Seu objetivo na disciplina é reconciliar, restaurar e encorajar o arrependimento. Ouça Paulo novamente:

> "Geralmente, se ouve que há entre vós imoralidade e imoralidade tal, como nem mesmo entre os gentios, isto é, haver quem se atreva a possuir a mulher de seu próprio pai. [...] Em nome do Senhor Jesus, reunidos vós e o meu espírito, com o poder de Jesus, nosso Senhor, entregue a Satanás para a destruição da carne, a fim de que o espírito seja salvo no Dia do Senhor" (1Co 5.1, 4-5).

Paulo já estava decidido sobre esse indivíduo: ele não estava arrependido. Então, Paulo ordena sua exclusão imediata. Não há necessidade de mais conversas com o homem. Mas essa exclusão tem outro propósito: o arrependimento. Os coríntios reunidos, como uma embaixada do reino de Cristo, declarariam que o homem não era um dos seus cidadãos, mas um cidadão do reino de Satanás. E o propósito era para que o espírito dele fosse salvo. O homem estava cego quanto ao seu estado, e ele precisava se arrepender.

Mais uma vez, não é difícil lembrar de exemplos ruins e de exemplos bons. Quanto a um exemplo ruim, os pastores de Elisabete negligenciaram o fato de que seus pais eram abusivos emocionalmente, e talvez fisicamente, para com ela quando insistiam que aos dezenove anos de idade ela se submetesse a eles. Depois de anos sob o controle dos seus pais, ela se mudou. Quando Elisabete descreveu as difíceis circunstâncias domésticas para os presbíteros, eles a acusaram de não honrar os seus pais e tentar fugir do sofrimento, e procederam à excomunhão. Nenhuma consideração pastoral foi dada aos abusos recorrentes. (Anos depois, a igreja se desculpou).

Quanto a um exemplo bom, minha igreja excomungou Ricardo por infidelidade à sua esposa. A etapa final foi tomada após muitas horas de trabalho de aconselhamento. Na verdade, o aconselhamento continuou após a excomunhão, inclusive com a ajuda de outra igreja a qual Ricardo tentou unir-se, mas que recusou sua admissão até que ele resolvesse a sua situação conosco. As coisas ficaram calmas por um tempo. Depois, Ricardo se apresentou e se submeteu a diversas conversas difíceis com vários presbíteros e concordou em ler uma carta de confissão e arrependimento diante de toda a igreja. A igreja inteira concordou unanimemente em estender novamente a mão da comunhão a Ricardo. Seguiram-se os aplausos. Ele se arrependeu.

APÓS O OCORRIDO

Qual é o seu trabalho depois de alguém ter sido excluído de uma igreja? Como vimos, Jesus exige: "considera-o como gentio". Paulo ordena: "Não comais com tal pessoa" (1Co 5.11); e em outros lugares: "Evita" o homem faccioso (Tt 3.10). Então, em um sentido, você deve tratar aqueles que foram excomungados como não cristãos. Mas eles pertencem a uma categoria especial de não cristãos: eles chamam a si mesmos de crentes. Observe o contexto da direção de Paulo:

> "Mas, agora, vos escrevo que não vos associeis com alguém que, dizendo-se irmão, for impuro, ou avarento, ou idólatra, ou maldizente, ou beberrão, ou roubador; com esse tal, nem ainda comais. Pois com que direito haveria eu de julgar os de fora? Não julgais vós os de dentro? Os de fora, porém, Deus os julgará. Expulsai, pois, de entre vós o malfeitor" (1Co 5.11-13).

Paulo espera que você dedique tempo aos não cristãos que são sexualmente impuros, avarentos, idólatras, maldizentes, beberrões e assim por diante. Você pode trabalhar com eles. Você pode assistir a um jogo de futebol com eles. O problema surge quando um indivíduo "diz ser um irmão" e está "dentro" da igreja. Quando esses indivíduos são colocados "fora" da igreja, você deve evitar interações casuais e comunhão com eles.

Antes, as suas interações devem ser marcadas por um incômodo e por uma estranheza. Você já não está falando sobre resultados de jogos do fim de semana. Você está encorajando-os a se arrependerem.

Há duas qualificações importantes a se fazer aqui. Em primeiro lugar, os presbíteros da minha igreja e eu cremos que alguém que foi excomungado pode participar das reuniões públicas da igreja. Afinal, a reunião pública inclui a presença de não cristãos (veja 1Co 14). Além disso, uma igreja não possui o poder da espada sobre uma área geográfica. Não podemos forçosamente remover os corpos das pessoas do espaço físico. Em vez disso, uma igreja possui o poder das chaves para fazer declarações, o que ela faz ao excluir alguém da membresia e da Ceia do Senhor. Portanto, nossos presbíteros frequentemente dizem aos membros de nossa igreja que não há lugar onde preferiríamos ver a pessoa excomungada no próximo domingo do que sentada sob a pregação da Palavra de Deus na igreja.

Em segundo lugar, os membros da família de um indivíduo excomungado devem continuar a cumprir as obrigações familiares para com o membro da sua família que foi excluído. As esposas devem continuar a se submeter aos maridos. Os maridos devem continuar a amar as suas esposas; os filhos devem honrar os seus pais; os pais ainda devem amar os seus filhos; e assim por diante. Essas relações são fundamentadas na criação, não na nova aliança. Portanto, o fim de seu relacionamento como membro da igreja não significa o fim da relação no que diz respeito à criação. Naturalmente, tais relacionamentos exigirão muita sabedoria. A esposa de um homem excomungado, por exemplo, tem uma linha muito tênue sobre a qual andar. Ela pode cortar um peru de Ação de Graças com o seu marido, mas ela não deve pedir que ele lidere a oração.

O trabalho de edificar relacionamentos é doce. O trabalho de corrigir o pecado e se esforçar pela reconciliação, pela restauração e pelo arrependimento pode ser difícil. O trabalho de se afastar de um membro excomungado é, talvez, a parte mais difícil do trabalho. Contudo, quando um pecador se arrepende do seu pecado não há nada melhor!

CAPÍTULO 5

UMA DESCRIÇÃO DO SEU TRABALHO
PARTE 2

De certa forma, a disciplina eclesiástica nada mais é do que avaliar o arrependimento. Você não deve se surpreender quando os cristãos pecarem. A questão é: eles se arrependeram? Uma vez estabelecido que uma pessoa pecou, essa é a única pergunta que você está tentando responder.

Compare Daniel e Pedro. Ambos lutavam contra beber demais e provavelmente poderiam ser chamados de alcoólatras. Ambos afirmaram que queriam deixar de beber. Ambos tentaram parar. Pedro parou. Daniel não. Ou, ele quase parou e depois continuou. Depois parou, mas em seguida continuou. E assim prosseguiu. Certamente Pedro estava arrependido. Daniel estava? Essa nem sempre é uma pergunta fácil de se responder.

Lembro-me de encontros quase semanais com Michel enquanto ele lutava contra um vício em pornografia. Em algumas ocasiões, ele foi além da pornografia para se encontrar com mulheres. Michel falava como se odiasse o seu pecado e geralmente parecia estar cheio de remorso. Mas depois prosseguia em seu pecado novamente. Ao aconselhar Michel, às vezes, usei a recompensa das promessas de Deus. Outras vezes, eu usei a vara das advertências de Deus. Uma vez a recompensa, depois a vara. Em seguida, qualquer outra coisa que eu conseguisse pensar. Lembro-me de uma vez sentado com Michel em um restaurante após a última rodada de confissões. Sentei-me mudo, pensando: "Não tenho nada a dizer. Não há nada mais na minha caixa de ferramentas para ajudar esse homem!". Comecei a me perguntar se eu deveria trazer dois ou três outros, ou conduzi-lo aos presbíteros, e se ele poderia ser levado à igreja.

Felizmente, eu consegui perceber dois outros padrões na vida de Michel. Primeiro, a frequência com que ele via pornografia estava diminuindo: de sete dias por semana para quatro dias por semana, para um dia por semana, e assim por diante. Em segundo lugar, enquanto eu estava em contato regular com Michel, ele agia melhor. Quando eu ficava ocupado, ele piorava. Ironicamente, isso me incentivou porque sugeria que o homem era provavelmente mais fraco do que rebelde.

Paulo nos diz para considerarmos não apenas a natureza do pecado, mas a natureza do pecador: "Admoesteis os insubmissos, consoleis os desanimados, ampareis os fracos e sejais longânimos para com todos". (1Ts 5.14)

Por fim, pareceu-me que Michel estava arrependido. Eu nunca levei o caso mais adiante.

DOIS TIPOS DE SOFRIMENTO

Às vezes, membros da igreja reconhecem que estão em pecado e se recusam a ceder. Às vezes, eles se recusam a reconhecer que estão em pecado, como em discussões conjugais. No entanto, às vezes, eles admitem que estão errados e prometem mudar. Sua tarefa, então, é discernir entre a tristeza segundo Deus e a tristeza do mundo. Observe como Paulo distingue entre as duas com os coríntios:

> "Agora, me alegro [...] porque fostes contristados para arrependimento; pois fostes contristados segundo Deus [...] Porque a tristeza segundo Deus produz arrependimento para a salvação, que a ninguém traz pesar; mas a tristeza do mundo produz morte. Porque quanto cuidado não produziu isto mesmo em vós que, segundo Deus, fostes contristados! Que defesa, que indignação, que temor, que saudades, que zelo, que vindita!

Em tudo destes prova de estardes inocentes neste assunto" (2Co 7.9-11).

A tristeza segundo Deus conduz à mudança; leva a uma luta contra o pecado; ela cortará a mão ou arrancará o olho. Normalmente, tal tristeza acolherá o seu conselho; se encontrará às 6 da manhã para a prestação de contas; fará uma confissão embaraçosa; se unirá ao grupo e fará o que for necessário para acabar com o pecado.

A tristeza do mundo pode realmente sentir-se mal. Mas você questiona se ela se sente mal por ter sido surpreendida. Afinal, tal tristeza se recusa a tomar as medidas necessárias para acabar com o pecado ou faz somente o mínimo absoluto possível para sair do problema. Não há indignação, o temor, o desejo e o zelo que Paulo descreve. Tal tristeza arrasta os pés e encurva os ombros como um menino de cinco anos que é forçado a obedecer, mas permanece apegado à sua independência fazendo beicinho.

A tristeza do mundo promete mudar, mas não cumpre essas promessas de fato. É como o filho na parábola de Jesus que diz que trabalhará na vinha, mas depois não vai, ao contrário do filho que diz que não trabalhará, mas depois vai. Jesus diz que é o segundo filho que faz a vontade do pai, não o primeiro (Mt 21.28-31). Uma pessoa genuinamente arrependida faz a vontade de Deus. Uma pessoa falsamente arrependida não faz.

Muito da sabedoria de que precisamos na disciplina eclesiástica, seja privada ou pública, é saber distinguir a tristeza do mundo da tristeza segundo Deus. A tristeza segundo Deus é o verdadeiro arrependimento, e a tristeza do mundo não é. Novamente, a principal questão que sempre estamos perguntando na disciplina é: eles estão se arrependendo?

QUÃO RAPIDAMENTE VOCÊ AGE?

Na verdade, o ritmo da disciplina eclesiástica é basicamente definido pela sua capacidade, ou da igreja, de avaliar o arrependimento. Há dois ritmos para a disciplina na igreja: lento e rápido.

Lento. Mateus 18 fornece o modelo lento. O círculo começa o menor possível: um para um. O pecado não é algo que precisa ser abordado amplamente, logo, seu conhecimento deve ficar restrito apenas àqueles a quem necessariamente ele diz respeito. O círculo se expande apenas quando a evidência sugere que as acusações são legítimas e a pessoa evidencia não estar arrependida. Mas o processo ocorre lentamente, em semanas ou até meses.

Rápido. 1Coríntios 5 fornece o modelo rápido. Paulo essencialmente começa onde termina Mateus 18. Toda a igreja já sabe sobre o pecado do indivíduo.

Portanto, não há necessidade de agir lentamente por esse motivo. E Paulo já julgou o indivíduo como impenitente (veja o v. 3). Portanto, não há necessidade de provar a tese e conduzir para fora lentamente por esse motivo. Portanto, Paulo encoraja a igreja de Corinto a excluir o homem imediatamente.

Às vezes, escritores teológicos no passado observaram que o pecado sob consideração em 1Coríntios 5 é um tipo especial de pecado, a saber, o pecado público e escandaloso. E é a natureza pública e escandalosa do pecado que exige que a igreja aja rapidamente, sem considerar se a pessoa está ou não arrependida. Eu não acho que isso seja certo. Se a sua igreja determinou que alguém estava genuinamente arrependido, mesmo quanto ao pecado público e escandaloso, então ela não deve excluir a pessoa. Você não exclui da igreja pessoas arrependidas— ponto final. Agora, a natureza de alguns pecados provavelmente *deve* impedir uma igreja de pensar que é capaz de avaliar e afirmar o arrependimento de alguém. Alguns pecados escandalosos podem cair nessa categoria. Suponhamos que um homem seja surpreendido em um pecado grosseiro, que tenha passado anos mentindo e encobrindo-o, de tal modo que ele não somente é culpado pelo pecado, mas tenha vivido em grande hipocrisia todo esse tempo. Tal homem pode imediatamente pedir desculpas, mesmo com lágrimas, mas uma igreja nessa situação pode justamente determinar que é simplesmente incapaz de afirmar se as suas desculpas são críveis: "Nós *queremos* acreditar em você, mas seria irresponsável de nossa parte continuar afirmando a sua profissão pública de fé tão rapidamente. Você nos deu muita razão para duvidar das suas palavras". E, portanto, a igreja o afasta da condição de membro, pelo menos, até que o seu arrependimento pelo pecado, pelo engano e pela hipocrisia seja demonstrado ao longo do tempo.

Eu conheço uma igreja que se encontrou nessa situação. Somente quando o homem foi preso é que a igreja tomou conhecimento de vários anos em que ele teve um comportamento predatório em relação às mulheres. Estando atrás das grades da prisão, ele clamou por perdão, mas é claro que era impossível para os líderes da igreja discernirem se as suas lágrimas estavam enraizadas na tristeza do mundo ou na humilhação pública, ou se era a tristeza segundo Deus que leva a um arrependimento genuíno. Eles o excomungaram corretamente no domingo seguinte.

Em resumo, 1Coríntios 5 fornece às igrejas a autoridade de agir rapidamente para a excomunhão, até mesmo imediatamente, ou quando a igreja crê além de uma dúvida razoável que um indivíduo é impenitente ou quando as circunstâncias do pecado são tais que não podem mais confiar nas palavras de arrependimento de uma pessoa.

O que tudo isso significa para você como um membro individual? Seu modo usual de agir deve ser quase sempre agir lentamente. O Espírito de Deus nem sempre concede o arrependimento em uma chuva torrencial, mas, às vezes, em um chuvisco suave e lento que gradualmente umedece a terra, de modo que a semente da repreensão possa criar raízes e brotar com o passar do tempo. Lembro-me de ter descoberto que um homem estava prestes a cometer adultério. Quando eu o interrompi, sua primeira reação foi demonstrar uma raiva violenta em relação a mim. Dentro de um ou dois dias, ele adotou uma postura de frustração relutante. Dentro de uma semana, seu coração parecia estar genuinamente quebrantado por sua traição em relação à sua esposa.

Aja lentamente e dê o benefício da dúvida. Tema somente a Deus, para que você possa falar de modo desafiador. Mas sempre fale gentil e pacificamente.

QUANDO VOCÊ DISCIPLINA?

A questão do ritmo se relaciona inevitavelmente à questão de quando disciplinar ou corrigir. Esforcei-me desde o capítulo 1 para enfatizar o fato de que a grande maioria da disciplina em uma igreja deve ocorrer no curso normal dos relacionamentos de segunda a sábado. Isso não significa que você precisa de uma igreja onde as pessoas se concentrem em corrigir um ao outro o tempo todo. Isso soa horrível. Significa simplesmente que você precisa de uma igreja caracterizada por pessoas que têm fome de piedade. Normalmente, os membros solicitam correção, não se escondem dela, porque desejam crescer.

> "Ei, Raul, você tem alguma opinião sobre a forma como eu liderei essa reunião? O que eu poderia ter feito melhor?"

> "Ezequiel, eu quero que você saiba que você sempre pode falar sobre o meu casamento e como me vê amar a minha esposa. E, minha carne realmente não quer perguntar isso, mas... Há alguma observação sobre como você me tem visto como pai?"

Em outras palavras, há uma razão pela qual os escritores, às vezes, distinguem entre disciplina formativa e disciplina corretiva. Disciplina formativa significa ensino. Disciplina corretiva significa corrigir erros. Mas, obviamente, as duas andam de mãos dadas. É difícil ter uma sem a outra. E, na vida da igreja, a disciplina como formação e como correção deve caracterizar não apenas o domingo, mas os dias de segunda a sábado. Disciplinar, você pode dizer, é apenas outra forma de descrever o processo de discipulado. Quando deve ocorrer discipulado e disciplina? A semana toda. Esse é o período.

> "Como o ferro com o ferro se afia, assim, o homem, ao seu amigo" (Pv 27.17).

A questão mais difícil é: Quando você leva o processo de disciplina para o próximo nível — de um para dois ou três, ou de dois ou três para toda a igreja?

Não há fórmula fácil aqui. Cada caso precisa ser julgado pelos seus próprios méritos. Eu lhe falei sobre Estêvão no último capítulo. Quando ele me disse que Deus estava "bem" com seu pecado sexual, estava claro que eu precisava de que outro irmão se unisse a mim. Em primeiro lugar, não havia debate sobre a conduta de Estêvão. Nós dois concordávamos sobre o que ele estava fazendo. Em segundo lugar, ele estava obstinado em seus caminhos. Nossas conversas (eu acho que conversamos duas vezes sozinhos sobre o assunto) não estavam produzindo nenhuma impressão nele. Então, eu decidi envolver Pedro, que rapidamente encontrou a mesma resposta e conduziu a questão aos presbíteros, que rapidamente encontraram a mesma resposta e a levaram à igreja. Francamente, essa foi uma das situações tecnicamente mais fáceis de lidar — apesar de partir o coração — porque o pecado era muito evidente, concordávamos sobre ele, além de haver uma impenitência muito consciente.

No entanto, tem ocorrido outras situações em que nossos presbíteros têm trabalhado por meses, até anos, com um casamento em dificuldades ou com um indivíduo problemático, nunca decidindo conduzir ao próximo nível. Novamente, este será o caso quando as pessoas envolvidas estão se esforçando conosco para combater o pecado deles. Eu me lembro de nosso conselho de presbíteros trabalhar com um casal ao longo de quatro ou cinco anos, o suficiente para que os presbíteros que começaram o processo de aconselhamento do casal saíssem do conselho, porque seus períodos de ministério haviam expirado. Novos presbíteros entraram no conselho, os quais precisaram ser informados sobre a situação, e essa transição aconteceu duas vezes durante os problemas do casal. Nenhum deles foi excomungado publicamente.

Aqui está uma pergunta um pouco mais fácil de se responder, pelo menos em termos teóricos: Quais pecados justificam a exposição pública e a excomunhão? Uma geração mais antiga de escritores frequentemente compilaria listas de pecados a partir das Escrituras, como as de 1Coríntios 5 e 6, para responder a essa pergunta: "Mas, agora, vos escrevo que não vos associeis com alguém que, dizendo-se irmão, for impuro, ou avarento, ou idólatra, ou maldizente, ou beberrão, ou roubador" (1Co 5.11). Mas, se nos limitarmos a essas listas, isso significa que devemos excomungar os avarentos, mas não os fraudadores? Os roubadores, mas não os assassinos ou pedófilos? Fraudadores, assassinos e pedófilos nunca são mencionados nesses tipos de listas. Na verdade, eu não acho que devemos tratar essas listas como exaustivas. Pelo contrário, Paulo está descrevendo os tipos de pecado que deveríamos esperar que caracterizassem as pessoas que permanecem incrédulas e impenitentes (veja 1Co 6.9-10).

Eu acho que a resposta breve para a pergunta acima é que apenas os pecados que são *exteriores, significativos* e *não arrependidos* justificam a exposição pública e excomunhão. E um pecado deve ser todas essas três coisas, não apenas uma ou duas delas.

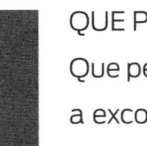

> QUE PECADOS?
> Que pecados se destacam ao ponto de justificarem a excomunhão? Pecados simultaneamente (1) exteriores, (2) significativos e (3) não arrependidos.

1. Um pecado deve ser **exterior**. O pecado precisa ser o tipo de coisa que você pode ver com os olhos ou ouvir com os ouvidos. Não pode ser algo que você suspeita poder habitar silenciosamente no coração de uma pessoa. Paulo cita a avareza na lista acima, mas

você não acusa alguém de ser avarento e em seguida o excomunga se não tiver alguma evidência exterior da avareza. O sistema judicial secular tem o cuidado de ponderar as evidências. As igrejas deveriam ser menos cuidadosas? Jesus não está interessado na justiça da multidão. Mas observe que eu disse "exterior", não "público". A fornicação, por exemplo, não é pública. É privada. É por isso que eu disse "exterior".

2. Um pecado deve ser **significativo**. Ansiedade, medo e estresse podem ser pecado. Mas eu não creio que eles justifiquem a exposição pública e a excomunhão. Se eu surpreender um irmão exagerando uma história, mas ele o nega, ele pode estar pecando. Mas eu não levarei isso a público. Pedro nos diz que "o amor cobre uma multidão de pecados" (1Pe 4.8). Certamente uma das principais características de uma igreja saudável é a disposição de relevar, mesmo a maioria, dos pecados que experimentamos diretamente com nossos irmãos de igreja. Então, o que é considerado como pecado significativo? É o pecado que torna difícil para mim continuar crendo que alguém tem o Espírito de Deus e é um cristão, pelo menos, se ele ou ela se recusa a se arrepender. Lembre-se de que a membresia é a afirmação de uma igreja sobre a profissão de fé de uma pessoa. O pecado significativo é o pecado que torna difícil, se não impossível, estar diante do mundo observador e continuar a afirmar uma

profissão de fé como credível. Com uma consciência limpa, posso continuar a afirmar a fé de alguém que nega que exagerou uma história; não posso, com consciência limpa, fazê-lo em relação a alguém que persiste na imoralidade sexual, na maledicência, na embriaguez e assim por diante.

■ "O amor cobre multidão de pecados" (1Pe 4.8).

Os critérios para "significativo" são um tanto subjetivos? Sim, é por isso que o mesmo pecado em uma situação pode justificar a excomunhão, enquanto, em outra situação, não a justificaria por uma série de fatores circunstanciais. Quão fácil isso se tornaria se a Escritura nos desse uma jurisprudência precisa para lidar com qualquer situação concebível. Mas o Senhor deseja que apelemos a ele por sabedoria e que andemos em fé. Aliás, esta é mais uma razão pela qual as igrejas devem aspirar levantar tantos presbíteros quanto puderem. Você não deseja que um ou dois homens precisem avaliar esses assuntos difíceis antes de trazê-los à igreja.

3. Um pecado deve ser **não arrependido**. A pessoa foi confrontada em seu pecado. E, se reconhece ou não que é pecado, se diz ou não que parará, tal pessoa, por fim, recusa-se a deixá-lo e continua a pecar. Tal pessoa não pode (ou não deseja) separar-se do pecado, como um tolo que não pode separar-se da sua loucura.

> "Como o cão que torna ao seu vômito, assim é o insensato que reitera a sua estultícia" (Pv 26.11).

QUAL O MODO DE CONFRONTAÇÃO?

Houve momentos em que Jesus virou as mesas em ira. Houve momentos em que os apóstolos falaram publicamente com uma língua ousada em relação a indivíduos particulares (pense em Pedro falando a Simão, o mágico em Atos 8, ou Paulo em 1Coríntios 5). E pode haver ocasiões raras em que sua correção de um irmão de igreja deve ser de grau 9 ou 10 na escala de severidade.

Mas, na grande maioria das circunstâncias, o modo da sua confrontação ou questionamento deve ter estas características:

- *Discreto*: a progressão de Mateus 18 sugere que devemos manter os círculos tão pequenos quanto possível.
- *Manso*: Paulo nos diz para restaurar as pessoas "com um espírito de brandura" (Gl 6.1).
- *Vigilante*: No mesmo versículo, Paulo acrescenta: "guarda-te para que não sejas também tentado". Judas concorda: "sede também compassivos em temor, detestando até a roupa contaminada pela carne" (v. 23). O pecado é traiçoeiro. É fácil ser pego mesmo quando você está tentando ajudar os outros.

- *Misericordioso*: Judas diz duas vezes: "compadecei-vos" e "sede também compassivos" (vv. 22-23). Seu tom deve ser misericordioso e compreensivo, não presunçoso, como se você jamais fosse suscetível a tropeçar da mesma maneira.
- *Imparcial*: Não devemos pré-julgar, mas nos esforçar para ouvir os dois lados da história (veja 1Tm 5.21).
- *Claro*: o confronto passivo-agressivo ou sarcástico certamente não funciona porque serve apenas para proteger você. Em vez disso, esteja disposto a se tornar vulnerável por ser muito claro, especialmente se você solicitar à pessoa em pecado que seja vulnerável por confessar. Às vezes, a atenuação pode servir os propósitos da bondade e ajudar a pessoa a expressar algo voluntariamente. Mas isso não pode comprometer os propósitos da clareza. Quanto mais amplos os círculos se tornam, mais claro você deve ser. Afinal, um pouco de fermento leveda toda a massa (1Co 5.6). As pessoas devem ser alertadas.
- *Decisivo*: De modo semelhante, quando se trata da etapa final da disciplina — excomunhão ou exclusão — a ação de toda a igreja deve ser decisiva: "Lançai fora o velho fermento, para que sejais nova massa" (1Co 5.7); "Evita o homem

faccioso" (Tt 3.10). Deve ficar claro que o indivíduo não é mais um membro da igreja e nem bem-vindo à mesa do Senhor.

A sabedoria é sempre necessária em questões de correção, como foi discutido no capítulo 2. Nenhuma situação é idêntica. É fácil dizer: "Bem, com essa pessoa, fizemos isso". E há muito a ser aprendido com casos precedentes. Mas, finalmente, devemos confiar nos princípios da Palavra de Deus, na orientação do seu Espírito e em uma avaliação cuidadosa dos detalhes e das idiossincrasias de cada situação.

CAPÍTULO 6

TRABALHANDO COM OUTRAS PESSOAS

O trabalho da disciplina eclesiástica muitas vezes suscita dois princípios em aparente conflito. Por um lado, Mateus 18 recomenda manter o conhecimento de um pecado ou contenda tão restrito quanto possível. E pense em todas as advertências bíblicas contra fofocas. A fofoca destrói os relacionamentos e aumenta o conflito:

> "O mexeriqueiro descobre o segredo, mas o fiel de espírito o encobre" (Pv 11.13).

> "O que encobre a transgressão adquire amor, mas o que traz o assunto à baila separa os maiores amigos" (Pv 17.9; 16.28).

> "Sem lenha, o fogo se apaga; e, não havendo maldizente, cessa a contenda" (Pv 26.20).

Portanto, Provérbios explicitamente diz: "não te metas com quem muito abre os lábios" (20.19)! O Novo Testamento apresenta a fofoca como uma característica da humanidade caída (Rm 1.29; 2Co 12.20).

Por outro lado, Provérbios ensina que há sabedoria em muitos conselheiros.

> "Não havendo sábia direção, cai o povo, mas na multidão de conselheiros há segurança" (Pv 11.14).

> "Onde não há conselho fracassam os projetos, mas com os muitos conselheiros há bom êxito" (Pv 15.22).

Logo, uma questão crucial é: como podemos, sabiamente, solicitar a ajuda de outros no processo de correção?

O maior problema em questão é saber como envolver, de forma sábia, outras pessoas no processo de disciplina. Como buscamos um conselho antes de confrontar alguém? Como nós trazemos dois ou três outros? Quando e como devemos envolver os presbíteros? Qual é o nosso papel quando algo chega a toda a congregação?

Responder a essas perguntas é a tarefa deste capítulo.

OBTENDO ACONSELHAMENTO PRÉVIO

Lembro-me de uma ocasião em que eu queria instar com um amigo chamado Eric pelo modo ruim como eu pensei que ele tivesse agido em relação a mim. Mas eu não tinha certeza se os meus motivos eram corretos. Então, perguntei a João se eu deveria falar com Eric. Não dei a João muitos detalhes, disse apenas que Eric havia me ofendido e eu estava incomodado. Não estou completamente seguro se foi certo me consultar com João, mas o conselho que ele me deu foi excelente: apenas confronte Eric se o seu objetivo for servi-lo.

Esse é o ponto sobre falar com outras pessoas primeiro: você pode obter um bom conselho! Mas, você deve fazê-lo?

Minha melhor e não extremamente profunda resposta a essa pergunta é: às vezes. Provavelmente, é imprudente falar com alguém primeiro só porque você está com medo. Tema a Deus, não ao homem. Certamente, é imprudente falar com alguém primeiro porque queremos que os outros pensem mal sobre quem nos ofendeu. Isso é fofoca. Às vezes, falamos com outras pessoas primeiro porque suspeitamos de nossos próprios motivos e queremos que eles sejam verificados, ou porque a conversa é politicamente arriscada devido a vários fatores. Essas *podem* ser boas razões para falar com alguém primeiro.

No entanto, o ponto-chave aqui é consultar outras pessoas de modo sábio e discreto. Eu sabia que João seria uma boa pessoa com quem falar, porque sabia que ele amava o Eric e que meus comentários não prejudicariam a sua afeição pelo Eric ou sua confiança nele. Além disso, mantive os detalhes a um mínimo absoluto. Eu não lhe disse exatamente o que Eric fez. Finalmente, sabia que João era um homem espiritualmente maduro, um pastor de fato. Claro, tudo isso ainda era apenas um julgamento, e eu poderia estar errado. Uma fofoca separa amigos, como vimos acima. Além disso, "as palavras do maldizente são doces bocados que descem para o mais interior do ventre" (Pv 18.8). Se eu tivesse entrado em detalhes, ou João estivesse secretamente abrigando frustração em relação ao próprio Eric, minhas palavras sobre Eric poderiam ter "descido" profundamente em João e ter piorado ainda mais a sua opinião sobre o Eric.

TRAZENDO UM OU DOIS OUTROS

Eu acho que um conjunto de princípios semelhantes se aplica ao envolver um ou dois outros, supondo que estamos seguindo o procedimento recomendado por Jesus em Mateus 18. Você precisa de pessoas que sejam espiritualmente maduras. Você precisa de pessoas que — segundo o melhor que possa afirmar — conhecem e amam a pessoa que você está confrontando. E você lhes dará apenas os detalhes dos quais eles precisam para fazerem um julgamento válido.

Com o objetivo de ajudá-los a serem imparciais, é melhor oferecer aos outros apenas os fatos, não a sua interpretação dos fatos. Há uma diferença entre "ele estava gritando com os filhos dele" e "ele estava abusando emocionalmente dos filhos dele", se tudo o que você sabe é o que viu em um período de três segundos. Há uma diferença entre "ela diz que ele a forçou" e "ele a forçou", se tudo o que você sabe é o que ela lhe disse. (Especialmente os advogados irão dizer-lhe que tenha cuidado em situações potencialmente criminais para relatar apenas o que você sabe).

Da mesma forma, você deve evitar avaliar os corações e os motivos das pessoas. Claro que isso vale se você estiver conversando apenas com a pessoa ou se estiver envolvendo outros. Há uma diferença entre "ele falou com ira comigo na frente da equipe" e "ele falou de modo irritado comigo porque ele queria me fazer ficar mal diante da equipe".

Um dos propósitos para envolver um ou dois outros é que nunca devemos confiar plenamente em nós mesmos. Isso é parte de ser um cristão: reconhecer que somos propensos a errar e a pecar. E nosso desejo por verdade e por justiça deve superar nosso senso de que "é evidente que estou certo!". Envolva um ou dois outros apenas se você estiver aberto a que eles mudem a sua opinião. Se você não estiver aberto a isso, pode não estar pronto para iniciar o processo.

ENVOLVENDO OS PRESBÍTEROS

Não há necessidade de um ou dois outros serem presbíteros. Na verdade, o ideal é que essas outras pessoas não sejam presbíteros. Idealmente, a pessoa que você quer confrontar está vinculada à igreja e tem muitas pessoas ao seu redor que a conhecem e a amam. Se vocês fazem parte de um pequeno grupo, talvez você possa envolver um terceiro membro do grupo e o líder do grupo. Se o pecado for assumido e isso puder ser cuidado nesse contexto, ótimo! O grupo se tornará mais forte, mais amoroso e mais unido pela experiência.

Mas se a pessoa não tem laços relacionais, o que, infelizmente, é muitas vezes o caso, pode ser melhor trazer um presbítero ou pastor a essa segunda etapa de confronto. Isso serve aos propósitos da discrição e tira proveito de qualquer confiança adicional que o indivíduo possa ter em relação a alguém no ofício de presbítero (claro que isso pode funcionar na direção oposta também).

Certamente, em situações em que você e um ou dois outros se encontram como que batendo de frente com um muro, você deve ir até os presbíteros. Deus deu aos presbíteros ou pastores o dever de supervisionar a igreja para ensinar, advertir e admoestar. Eles são pastores e prestarão contas a Deus por cada ovelha que esteja sob o seu cuidado (At 20.28; Hb 13.17). Um dos seus principais propósitos como pastores é ir atrás da ovelha que se afastou das noventa e nove. Portanto, envolva-os.

A CONGREGAÇÃO

Nossa igreja discute assuntos de disciplina em reuniões a portas fechadas com a igreja somente. Quando o culto de domingo à noite termina, despedimo-nos dos convidados e depois retomamos nossa reunião. Normalmente, os presbíteros trazem uma questão de disciplina para toda a igreja. Não, Mateus 18 não menciona a ideia de passar pelos presbíteros. Mas não há nenhuma razão para ler Mateus 18 à parte dos textos das Escrituras que relacionam aos presbíteros a supervisão sobre toda a igreja. Tendo a supervisão do todo, eles são autorizados e mais bem capacitados para saber se e como um caso de disciplina deve ir para toda a congregação.

Tudo isso para dizer que se você esteve envolvido nas etapas preliminares de um processo de disciplina, agora você pode seguir a liderança dos presbíteros em levar a situação à ponderação de toda a igreja. Por exemplo, eles determinarão melhor o quanto deve ser dito à igreja, e você pode seguir a conduta pública deles em suas conversas privadas.

Quanta informação os pastores devem dar a toda a igreja? Em geral, encorajo os pastores a citarem a categoria do pecado, talvez alguns detalhes, e apenas os detalhes que são demonstráveis e não discutíveis. Não há necessidade de narrar publicamente todo o caso do pecado. E é melhor evitar oferecer as suas interpretações, como foi afirmado há pouco. É tentador para um pastor dar as suas interpretações, é claro, porque isso lhe permite usar os adjetivos emocionalmente pesados que parecem muito persuasivos: "Ele foi *terrível*". O problema é que as interpretações são sempre discutíveis, e, portanto, há o risco de dividir a igreja. Se os líderes não têm fatos que possam ser evidenciados por si mesmos, eles não devem levar o assunto à igreja.

Lembre-se da advertência de Paulo de que um pouco de fermento leveda toda a massa, bem como da sua admoestação para nem sequer mencionar o que o mal faz em secreto. Tudo isso é motivo para manter a discussão dos detalhes no menor grau possível.

E se você não esteve envolvido em um processo de disciplina? Você ouve falar dele pela primeira vez somente quando os presbíteros trazem o assunto para todo o corpo. Você pode discutir o caso de disciplina com outros membros depois? Eu diria que apenas se houver moderação. Você pode orar pelas pessoas envolvidas. Você pode mencionar brevemente o seu pesar sobre o assunto a outros membros da sua igreja. E você pode informar a um membro que não estava na reunião. Mas é difícil imaginar o propósito de discutir o assunto em detalhes com os outros. Sim, a igreja deve ser advertida sobre tal pecado. Mas a comunicação pública do pecado no contexto da disciplina já serve a esse propósito.

Não muito tempo atrás, nossos presbíteros informaram à igreja que um homem tinha deixado a sua esposa e seus filhos por causa de outra mulher. Vários dias depois, eu estava me encontrando com Davi, que é um jovem que eu discipulo. Logo antes de sair do carro, Davi mencionou o caso de disciplina. Ele me disse que a situação havia comovido o seu coração durante toda a semana, e que ele não conseguia deixar de sentir tristeza. Então, paramos e oramos para que a esposa e os filhos conhecessem o consolo de Deus, para que o homem se arrependesse, para que os presbíteros liderassem com sabedoria e para que a igreja fosse protegida do pecado e da desunião. Acho que essa foi uma boa conversa.

Por fim, o que você faz se não concordar com a recomendação de disciplina feita pelos presbíteros? Ordinariamente, eu diria que você só deve ir contra a recomendação dos pastores com grande cautela, particularmente quando é razoável supor que eles saibam mais sobre a situação do que você. A Escritura o chama a "submeter-se" a eles (Hb 13.17). Você reconhece esses homens como dados por Deus para guiá-lo no caminho da fidelidade bíblica simplesmente por ser membro da igreja que eles pastoreiam. E se você os segue apenas nos lugares onde já conhece o caminho, você está realmente seguindo-os?

Dito isso, a autoridade deles sobre você não é definitiva. A autoridade de Deus é. E no Último Dia, Deus o chamará para explicar como você usou o seu voto em cada assunto que eles levaram à igreja. Deus perguntará: Você agiu de acordo com o que a Escritura diz? Você foi fiel? Não é difícil de imaginar que, no Último Dia, Deus, algumas vezes, vindicará a decisão de submeter-se aos homens que ele colocou sobre nós; e, algumas vezes, ele vindicará a decisão de votar seguindo a nossa consciência e contra os homens que ele estabeleceu sobre nós. De modo frustrante (mas proposital, eu penso), a Bíblia não oferece uma lista de tomada de decisão para determinar quando agir de cada uma dessas formas. Em vez disso, devemos suplicar a Deus por sabedoria, e depois agir por fé.

As pessoas elogiam Martinho Lutero por apelar à consciência. Na verdade, acho que o elogiamos porque ele estava certo nas coisas que estava defendendo. Ninguém elogia o herege Ário, que negou que Jesus era Deus, embora ele, também, presumivelmente tenha agido de acordo com a sua consciência. Em outras palavras, não basta agir de acordo com a sua consciência, como se isso lhe desse uma carta-branca para se desculpar de quaisquer decisões ruins que você possa tomar. Também é importante estar certo. A Escritura é o guia mais seguro para estarmos certos. Ainda assim, Jesus também nos dá pastores ou presbíteros para nos guiar no caminho da Escritura.

OUTRAS IGREJAS

Uma igreja está sujeita às decisões disciplinares de outra igreja? Como um congregacional, creio que a resposta formal a esta pergunta é: não. Contudo, informalmente, sim, as igrejas devem trabalhar juntas. Em algumas ocasiões, minha igreja excomungou indivíduos que começaram a frequentar outras igrejas, e essas igrejas disseram aos indivíduos que eles precisavam ser reconciliados com a igreja da qual faço parte antes de se unirem a elas. E, então, aquelas igrejas trabalharam com nossos pastores aconselhando o indivíduo através dos passos do arrependimento. Não era exigido, pelas Escrituras, que essas outras igrejas fizessem isso como uma questão de adequada política eclesiástica. Mas as igrejas foram sábias em fazê-lo. Elas demonstraram amor pelo indivíduo excluído pela minha igreja e também demonstraram amor por minha igreja.

Em outra ocasião, uma mulher que fora excomungada por outra igreja tentou unir-se à nossa igreja. Depois de conversar longamente com a mulher, com seu marido e seus antigos pastores, nossos presbíteros decidiram que a sua igreja anterior estava errada e, assim, recomendaram a sua membresia à nossa congregação. Nós concluímos que eles haviam agido de forma autoritária.

Formalmente, então, as igrejas não se vinculam umas às outras. Informalmente, elas fazem bem em trabalhar juntas quando uma questão de disciplina se difunde por mais de uma congregação.

O que isso significa para você como membro da igreja? Se mais de uma igreja estiver envolvida, faça o seu melhor para seguir o conselho dos seus presbíteros.

TODA A IGREJA

Finalmente, a disciplina eclesiástica é um ministério de toda a igreja. Formativamente, ela começa no púlpito quando o pregador prega. As suas palavras bíblicas corrigem o nosso falso pensamento e nossa vida. A disciplina continua enquanto falamos a Palavra de Deus uns aos outros com salmos, hinos e cânticos espirituais. Quão facilmente nossas afeições e emoções se desviam; afeições essas que hinos conseguem corrigir. A disciplina assim ocorre por meio das nossas conversas uns com os outros após o culto e durante a semana. Isso acontece quando encorajamos, instruímos, advertimos e admoestamos uns aos outros de acordo com a Palavra de Deus.

Não praticar a disciplina eclesiástica mina o chamado ao arrependimento feito pelo pregador; enfraquece a crença da congregação no senhorio de Cristo e atenta contra a capacidade da igreja de abraçar um evangelho robusto, que muda a vida, e o chamado à santidade. O célebre teólogo Batista do século XIX, J.L. Dagg, observou certa vez: "Quando a disciplina deixa uma igreja, Cristo sai da igreja com ela".[3]

Há uma razão pela qual Deus diz que sua disciplina "produz fruto pacífico aos que têm sido por ela exercitados, fruto de justiça" (Hb 12.11). Em vez de campos ondulantes de trigo dourado, você pode imaginar campos ondulantes de justiça e de paz. Com o que tal visão se assemelha?

Isso assemelha-se a membros de uma igreja vivendo em harmonia e em santidade, os quais têm sido exercitados pela disciplina.

---

3 J. L. Dagg, *A Treatise on Church Order* (Charleston, SC: Southern Baptist Publication Society, 1858), 274.

CAPÍTULO 7

ABUSOS DO TRABALHO

Pela graça de Deus, não tenho nenhuma história para contar sobre um exemplo abusivo de disciplina eclesiástica em minha igreja. Talvez, Deus me diga o contrário no Último Dia. Afinal, muitas igrejas abusivas provavelmente afirmam o mesmo. No entanto, até onde sei, não tenho nenhum exemplo a oferecer.

Não há mérito meu nisso. Tive o privilégio de servir como presbítero com homens piedosos, humildes e cuidadosos. De fato, recentemente, estávamos discutindo a resignação de uma mulher, e eu argumentava que devíamos reter a sua resignação e avançar em direção à disciplina. Entretanto, eventos posteriores sugeriram que, provavelmente, eu estava enganado. Felizmente, eu era a minoria quando os nossos presbíteros votaram sobre o assunto naquela noite.

Com certeza, o trabalho é difícil, exigindo mais sabedoria do que qualquer um de nós tem. Lembro-me de outra ocasião em que os presbíteros estavam pensando se deveriam ou não restituir alguém que a igreja havia excomungado por abuso de substâncias. Ele estava mostrando novos sinais de combate ao seu vício, mas permanecia um pouco teimoso e belicoso conosco, e ele se recusava a reatar com sua esposa desde que o seu conselheiro de fora da igreja lhe disse que isso poderia interromper a sua recuperação. À medida que discutimos o assunto, a maioria de nós se sentia dividida, e, provavelmente, mudei de ideia quatro vezes no decorrer da conversa, dependendo de quem falava pela última vez (veja Pv 18.17). Quando ocorreu a votação sobre a restauração, sete votaram contra a restauração e seis votaram a favor. A história posterior confirmou o sete, mas, na época, todos sentimos o peso e a dificuldade do momento. Não gostamos de tomar uma decisão tão significativa por essa maioria simples, contudo, confiamos na orientação de Deus através da maioria. Ele havia designado todos nós juntos para tomarmos até mesmo essas decisões difíceis e pouco claras.

O ensinamento que eu tiraria dessa história é que a maioria das situações de disciplina eclesiástica são ética, espiritual e pastoralmente complicadas, e por isso devemos ser muito lentos para condenar nossos líderes ou outras igrejas. A mídia é rápida para gritar fogo ao mais leve cheiro de fumaça. Mas não devemos ser tão rápidos. Você já se sentou em uma mesa de tomada de decisão, olhou para todos os fatos, se esforçou com todos os outros na mesa para encontrar o melhor caminho a seguir, orou com fervor, fez a melhor decisão que poderia, e, depois, teve um coro de críticos que questionaram a sua decisão, embora eles conhecessem apenas uma parte dos fatos que você conhecia? Sim, os líderes precisam prestar contas. Ainda assim, devemos ser muito lentos para julgar as decisões dos outros quando não vemos tudo o que eles veem.

Dito isso...

CARACTERÍSTICAS E CAUSAS DAS IGREJAS QUE ABUSAM

As igrejas devem se esforçar arduamente contra a possibilidade de disciplina eclesiástica abusiva, e devemos agir rapidamente contra isso! Ao escrever e falar sobre esse tema, a maioria das igrejas a que eu me refiro sofre de complacência e frouxidão na disciplina. Algumas igrejas, no entanto, a abordam com muita veemência.

De modo anedótico, a maioria (ou todos?) dos casos infelizes de disciplina eclesiástica de que ouvi falar nos últimos anos ocorreram em igrejas não-congregacionais, onde os presbíteros são livres para impor a sua vontade à congregação. Tenho certeza de que igrejas congregacionais também têm falhado nessa área. Mas o simples fato de um grupo de presbíteros ou pastores de uma igreja congregacional ter que se sentar em uma pequena reunião de presbíteros antes da grande reunião congregacional, "coçar a cabeça" e se perguntar: "Como explicaremos isso à igreja?", tende, por si só, a moderar a sua tomada de decisão. Isso os torna mais lentos. Um grupo de presbíteros bem-intencionados, mas cansados, pode ser atacado por um desgaste ao pensar em sua reunião às 10 horas da noite de quinta-feira. Mas a reunião congregacional de domingo servirá como uma útil verificação da realidade.

Em minhas observações, abordagens erradas à disciplina podem ocorrer em igrejas grandes quando o tamanho as impulsiona a depender de processos regulamentados em vez de cuidados pastorais pessoais. A necessidade de economias de escala é atendida com procedimentos consistentes e ordenados, além de códigos de conduta precisos. Tratar cada caso de forma única e ponderada se torna difícil. No entanto, assim como um pai sábio trata cada filho individualmente, a disciplina sábia trata cada membro de modo individual. A partir da experiência pessoal, posso dizer que disciplinar e treinar meus filhos é um trabalho lento e ineficiente que consome horas. E assim é o trabalho de disciplinar e treinar nossos irmãos de igreja.

O abuso parece mais comum entre as igrejas e líderes de igreja que se sentem incomodados com tensões teológicas e práticas, tensões que eu creio serem inevitáveis em um mundo caído. Uma mentalidade fundamentalista, observei em outros escritos, prefere as coisas em preto e branco. Tal mentalidade toma um princípio e torna-o definitivo em vez de deixar que um princípio seja equilibrado por princípios concorrentes. Por exemplo, há uma tensão entre não fofocar e obter aconselhamento exterior antes de confrontar alguém, como descrito no início do capítulo 6. Um exemplo flagrante do erro fundamentalista ocorre em igrejas com um forte conceito de liderança masculina e autoridade parental. Esses são princípios bíblicos que eu afirmo integralmente. No entanto, fiquei irado ao ouvir falar de igrejas onde os presbíteros, em nome de respeitar a liderança, toleram, ou pelo menos ignoram, relatos de maridos que são grosseiros, severos e exigentes com suas esposas. Eles deixaram um princípio se tornar demasiadamente dominante e desvinculado de outros princípios bíblicos.

Em geral, você deve desconfiar de aderir a uma igreja onde os líderes escolhem favoritos, punem aqueles de quem discordam, são temperamentais, punem pessoas usando o tratamento do silêncio, devem ter sempre a última palavra, não podem errar, enfatizam a conformidade exterior, são consistentemente dogmáticos sobre questões tanto grandes quando pequenas, raramente (se alguma vez o fazem) admitem que estão errados, têm dificuldade em delegar autoridade a outros, apenas promovem os seus amigos mais próximos ou membros da família e geralmente precisam ter o controle. Você provavelmente pode pensar em mais sinais de alerta. Você pode até procurar alguns em si mesmo. Pessoalmente, eu gosto de ter a última palavra. Isso não é um bom sinal para o uso da autoridade. É melhor confiar na autoridade do homem que está disposto a dar a outra pessoa a última palavra. Ele está menos preocupado com as aparências ou buscando forçar os resultados. Falando nisso...

É comum que essa autoridade abusiva esteja fundamentada no orgulho. Mas outra maneira de expressar isso, penso eu, é dizer que a autoridade e a disciplina abusivas se enraízam no "temor do homem". Uma pessoa que teme a Deus mais do que qualquer coisa é menos propensa a abusar dos súditos de Deus. Porém, uma pessoa que teme o homem se preocupa muito com as aparências. Ele ou ela precisa de controle sobre o exterior das coisas.

Os governantes mais tirânicos na casa, estado ou igreja são os inseguros e temerosos. Por favor, não me coloque sob um líder que vive com medo.

Uma igreja ou um homem que diz: "Que ele cresça, mas que eu diminua", é muito menos propenso a abusar da autoridade e da disciplina. O homem ou a igreja que está sempre tentando "crescer" está mais suscetível a abusar disso.

Talvez, a forma mais vívida e condenável de abuso espiritual nas páginas do Novo Testamento, exceto os falsos mestres que induzem um rebanho ao erro, é a religião legalista dos fariseus e dos mestres da lei. Eles impõem leis onde Deus não impõe lei alguma. Eles condenam os outros por causa do seu próprio proveito. Eles dominam os outros para que eles próprios possam ser honrados. E, finalmente, eles estão dispostos a matar o próprio Deus para que possam manter o controle.

CULTIVANDO A CULTURA CORRETA

A melhor maneira de evitar uma cultura eclesiástica abusiva onde a disciplina é exercida severamente não é outra coisa senão o evangelho e o esforço para se cultivar uma cultura evangélica.

Certa vez, tive a oportunidade de falar a alguns dos presbíteros de uma igreja que lidaram com um caso terrivelmente complexo de disciplina eclesiástica de modo piedoso, porém com falhas. A mídia se apropriou da história, e vários escritores, cristãos e não cristãos, acusaram a igreja de abuso. Na verdade, eu conheço a igreja e os seus líderes, e é uma igreja centrada no evangelho e saudável. Os irmãos cometeram um erro em uma situação complicada, um erro pelo qual eles rapidamente se desculparam e mudaram de conduta.

As boas igrejas cometerão erros, assim como os bons pais e os bons presidentes cometerão erros. Nomeie um líder notável na Bíblia que não falhou — Abraão? Moisés? Davi? Salomão? Jesus sabe disso. E ele sabia quando concedeu a cada uma dessas instituições uma autoridade ponderada. O fato de que mesmo os nossos melhores líderes cometem erros nos ajuda a colocar nossa última esperança em Cristo, o único líder que não comete erros.

Então, suponhamos que erros, até mesmo erros pecaminosos, acontecerão. A questão é: qual é o melhor ambiente para absorver os efeitos nocivos desses erros? E qual é o melhor ambiente para prevenir erros? A resposta deve ser: um ambiente evangélico. Os irmãos da igreja que acabamos de mencionar foram capazes de se desculpar e de reverter a conduta tão rapidamente porque eles conhecem o evangelho e vivem por meio dele. Eles não têm nenhuma imagem para defender, nenhuma vida ou padrão de tomada de decisão para justificar. Eles são justificados em Cristo, que os liberta para se desculparem rapidamente.

E, de modo irônico, acho que a igreja mais saudável é aquela que pode ser a única onde os líderes cometem erros e pedem desculpas por eles, em vez da igreja onde os líderes parecem nunca cometer erros ou pedir desculpas.

Essa é uma lição que precisei aprender durante a paternidade. Suponha que você tem dois pais: o pai que mantém excelentes aparências exteriores e que, portanto, nunca percebe a própria necessidade de pedir perdão, e o pai que peca contra os filhos e contra os outros, mas que é rápido em pedir perdão e viver de forma transparente no evangelho. Qual é o melhor pai? Ou seja, qual deles fará um trabalho melhor de pastorear os seus filhos pelo caminho do evangelho?

Nos primeiros anos como pai, eu era mais como o primeiro tipo de pai. Eu geralmente mantinha boas aparências e achava difícil pedir perdão ou admitir erros para as minhas filhas quando a minha consciência sugeria que eu poderia fazê-lo. Afinal, eu queria dar-lhes um bom modelo para que admirassem. Não queria estragar a imagem que elas tinham de mim ao admitir a fraqueza. E, algumas vezes, tragicamente, elas disseram que pensavam que eu nunca havia pecado. Que lição antievangélica eu estava ensinando! Ah, meninas, se vocês conhecessem o orgulho e o egoísmo do coração de seu pai.

As igrejas e seus líderes também precisam aprender a viver de forma transparente no evangelho, o que significa que confessamos nossos pecados uns aos outros e nos regozijamos na graça que Deus nos concede. O testemunho dessas embaixadas do reino de Cristo não depende da nossa perfeição moral. Quão atraente é um edifício cheio de fariseus? Em vez disso, nosso testemunho exterior depende do nosso amor e perdão evangélicos em meio ao pecado remanescente.

> "Novo mandamento vos dou: que vos ameis uns aos outros; assim como eu vos amei, que também vos ameis uns aos outros. Nisto conhecerão todos que sois meus discípulos: se tiverdes amor uns aos outros" (Jo 13.34-35).

O que significa amar uns aos outros como Cristo nos amou? Significa amar de forma misericordiosa e perdoadora. E, claro, fazer isso significa confessar os nossos pecados uns aos outros para que possamos ser perdoados. É assim que vocês vivem de forma transparente no evangelho. E é esse tipo de vida coletiva em união que mostra ao mundo que somos discípulos de Cristo.

Observe, então, quem é que essas igrejas excomungam: elas excomungam os fariseus. Os fariseus são aqueles que nunca reconhecem o seu pecado como pecado, e assim nunca se arrependem dele. É claro que estou usando a palavra "fariseus" um pouco mais amplamente do que você pode estar acostumado. Você provavelmente está pensando nos fariseus sobre quem lemos nos evangelhos, os quais guardavam a lei "perfeitamente". O que estou dizendo aqui é que eles são do mesmo tipo que o pecador rebelde que se recusa a abandonar o seu pecado. Nenhum deles é pobre de espírito; nunca confessarão pecados; ambos se justificarão até o fim. Em outras palavras, ambos são legalistas. E o legalista que tem sucesso e o legalista que falha são ambos legalistas, ambos "fariseus". A disciplina eclesiástica, feita com sabedoria, nada mais é do que um dispositivo para combater o farisaísmo na igreja. Não apenas os fariseus se recusam a ver as traves em seus próprios olhos, eles se recusam a deixar os outros apontarem os argueiros.

Ironicamente, são as pessoas que evitam toda a disciplina eclesiástica que podem ser os maiores fariseus de todos porque não conseguem se imaginar enganados ou em necessidade de correção: "Como ousa apontar o argueiro no meu olho!". No entanto, os pobres de espírito, os mansos e os amantes do evangelho reconhecem suas traves e recebem bem aqueles que podem apontar os argueiros.

> "Não repreendas o escarnecedor, para que te não aborreça; repreende o sábio, e ele te amará" (Pv 9.8).

Em qual casa ou igreja você preferiria viver, naquela onde todos são "perfeitos"? Ou naquela em que as pessoas confessam o seu pecado e vivem confiando na justiça expiatória de Cristo? Se prefere esta última, você toma a iniciativa, não em corrigir os outros, mas em confessar o seu pecado? Se não, será que *você* pode ser aquele que é mais propenso a exercer a disciplina eclesiástica de modo abusivo?

Prosseguindo, saiba que a confissão é um pré-requisito necessário para a correção, e que a pessoa que não consegue ser corrigida provavelmente também não sabe como confessar.

CONCLUSÃO

A CORAGEM EVANGÉLICA E O TEMOR DO HOMEM

O livro de Josué, no Antigo Testamento, tem muito a ensinar sobre a disciplina eclesiástica. Josué e o povo entram na Terra Prometida de Canaã, destroem os habitantes e estabelecem cidades para o louvor do nome de Deus. Toda a nação de Israel deveria ser uma versão veterotestamentária da embaixada de Deus na terra. A nação de Israel existiu para anunciar uma justiça e retidão celestiais entre as nações. Portanto, Deus se empenhou para assegurar que o seu povo permanecesse santo. Por exemplo, ele julgou Acã por roubar os despojos da guerra contra Jericó.

Alguns dos versículos mais conhecidos no livro de Josué devem ser os da ordem de Deus para Josué ser forte e corajoso ao entrar na terra. Por três vezes ele diz:

> "**Sê forte e corajoso**, porque tu farás este povo herdar a terra que, sob juramento, prometi dar a seus

pais. Tão-somente **sê forte e mui corajoso** para teres o cuidado de fazer segundo toda a lei que meu servo Moisés te ordenou... Não to mandei eu? **Sê forte e corajoso**; não temas, nem te espantes, porque o SENHOR, teu Deus, é contigo por onde quer que andares" (Js 1.6-7,9, ênfases acrescentadas).

Josué devia ser forte e corajoso ao conquistar a terra. Ele devia ser forte e corajoso ao obedecer à instrução de Deus. E ele devia ser forte e corajoso sabendo que o Senhor estava com ele.

No capítulo 2, eu argumentei que a disciplina eclesiástica exige um compromisso com o evangelho, um desejo pela santidade de Deus, amor piedoso, um compromisso com a liberdade bíblica e sabedoria. Agora, permita-me acrescentar mais uma coisa: a disciplina eclesiástica exige força e coragem. Corrigir outra pessoa, particularmente no Ocidente atual, que aceita tudo e é intolerantemente tolerante, requer força e coragem. Isso é verdade informal e interpessoalmente. Isso é verdade formal e publicamente.

As pessoas que vivem com temor nunca corrigem outras ou as corrigem com muita aspereza. Tais pessoas caem em um destes dois buracos: silêncio ou severidade. Afinal, tanto o silêncio quanto a severidade se preocupam com as suas reputações, com a perda de controle e com consequências imprevistas. Portanto, eles fazem tudo o que podem para evitar dificuldades ou tentam controlar o ambiente. E, com certeza, em defesa do primeiro grupo, há sabedoria em se guardar dos problemas: "Quem se mete em questão alheia é como aquele que toma pelas orelhas um cão que passa" (Pv 26.17).

Dito isso, há um tempo e uma ocasião para todas as coisas, incluindo um tempo para resgatar um irmão ou uma irmã em Cristo do seu pecado. Não é somente o sábio que pode julgar melhor o tempo; é o forte e corajoso. Líderes e cristãos fortes e tementes a Deus não reagem a ameaças. Eles não entram em pânico. Eles não se sentem obrigados a forçar circunstâncias ou corações que não podem ser compelidos. Em vez disso, a sua coragem os deixa livres para avaliarem uma situação de forma mais objetiva e cuidadosa, ou seja, para serem sábios.

O temor do Senhor, portanto, não é apenas o princípio da sabedoria, como diz Provérbios 1.7. É o princípio da disciplina eclesiástica. Quando você teme a Deus do modo correto, então você considera a santidade de modo correto, e é forte e corajoso diante das ameaças ineficazes do pecado e dos pecadores. Você sabe que Deus estará com você enquanto obedece à sua instrução e busca conquistar o seu território.

Portanto, não me dê pastores ou membros de igreja que têm medo uns dos outros, da mídia, das sobrancelhas erguidas dos fariseus ou mesmo de mim. Dê-me pastores e membros de igreja que temem ao Senhor. Ali é onde eu estarei mais seguro. E oro por você, querido leitor, para que seja forte e corajoso.

FIEL MINISTÉRIO

O Ministério Fiel visa apoiar a igreja de Deus, fornecendo conteúdo fiel às Escrituras através de conferências, cursos teológicos, literatura, ministério Adote um Pastor e conteúdo online gratuito.

Disponibilizamos em nosso site centenas de recursos, como vídeos de pregações e conferências, artigos, e-books, audiolivros, blog e muito mais. Lá também é possível assinar nosso informativo e se tornar parte da comunidade Fiel, recebendo acesso a esses e outros materiais, além de promoções exclusivas.

Visite nosso site:
www.ministeriofiel.com.br

VOLTEMOS AO EVANGELHO

O Voltemos ao Evangelho é um site cristão centrado no evangelho de Jesus Cristo. Acreditamos que a igreja precisa urgentemente voltar a estar ancorada na Bíblia Sagrada, fundamentada na sã doutrina, saturada das boas novas, engajada na Grande Comissão e voltada para a glória de Deus.

Desde 2008, o ministério tem se dedicado a disponibilizar gratuitamente material doutrinário e evangelístico. Hoje provemos mais de 4.000 recursos, como estudos bíblicos, devocionais diários e reflexões cristãs; vídeos, podcasts e cursos teológicos; pregações, sermões e mensagens evangélicas; imagens, quadrinhos e infográficos de pregadores e pastores como Augustus Nicodemus, Franklin Ferreira, Hernandes Dias Lopes, John Piper, Paul Washer, R. C. Sproul e muitos outros.

Visite nosso blog:
www.voltemosaoevangelho.com

A WORDsearch® Bible, um ramo da LifeWay Christian Resources, tem fornecido software de estudo bíblico de alta qualidade desde 1987, servindo aqueles que mudam vidas através da pregação e do ensino. O WORDsearch® oferece a pregadores, professores e alunos da Palavra de Deus milhares de Bíblias e livros que tornam o estudo da Escritura mais rápido, fácil e agradável. O WORDsearch® também está disponível gratuitamente para celular e tablets e também através do site MyWSB.com.

Para mais informações, visite:
www.wordsearchbible.com

E-BOOK GRATUITO

Sua igreja é saudável? Neste livro Mark Dever, procura ajudar os cristãos a reconhecer as características essenciais de uma igreja saudável: (1) Pregação Expositiva, (2) Teologia Bíblica, (3) Evangelho, (4) Conversão, (5) Evangelismo, (6) Membresia de Igreja, (7) Disciplina Eclesiástica, (8) Discipulado e (9) Liderança de Igreja.

Acesse e baixe gratuitamente:
www.ministeriofiel.com.br/ebooks